刘竹生院士近照

上图 / 青年时期的刘竹生

下图 / 刘竹生（前排左一）与兄弟们合影

上图 / 1992年，刘竹生在西昌卫星发射中心
下图 / 刘竹生（右一）等在现场检查零配件

上图 / 刘竹生接受记者采访

中图 / 2003年10月18日，刘竹生（右二）、黄春平（左二）与航天员合影

下图 / 刘竹生（左）与梁小虹（右）在神舟七号载人航天飞行任务动员大会上

上图 / 刘竹生（中）荣获“全国五一劳动奖章”

下图 / 刘竹生（右二）为青年员工答疑解惑

上图 / 2010年1月25日，刘竹生（右）与屠守锷（左）在院士专家新春茶话会上亲切交谈

下图 / 2011年4月，刘竹生（后排右七）在航天中国工程院院士候选人遴选会上与其他院士合影

上图 / 1978年，刘竹生全家合影

下图 / 刘竹生（前排左三）与父亲（前排左二）及亲友合影

上图 / 刘竹生夫妇与两个女儿

下图 / 刘竹生院士全家福

刘竹生院士传记

Academician Liu Zhusheng's Biography

《中国航天院士传记丛书》总编委会 组织编写

丁文华 史颜莉 著

中国宇航出版社
·北京·

图书在版编目(CIP)数据

刘竹生院士传记 / 丁文华，史颜莉著 ；《中国航天院士传记丛书》总编委会组织编写. — 北京 ：中国宇航出版社，2015.12

（中国航天院士传记丛书）

ISBN 978-7-5159-1072-7

Ⅰ. ①刘… Ⅱ. ①丁… ②史… ③中… Ⅲ. ①刘竹生—传记 Ⅳ. ①K826.16

中国版本图书馆 CIP 数据核字(2015)第 321386 号

责任编辑　黄　莘

责任校对　牟宁宁　刘　凯　**装帧设计**　宇星文化

出　版
发　行　中国宇航出版社

社　址　北京市阜成路 8 号　**邮　编**　100830
(010)68768548

网　址　www.caphbook.com

经　销　新华书店

发行部　(010)68371900　(010)88530478(传真)
(010)68768541　(010)68767294(传真)

零售店　读者服务部　北京宇航文苑
(010)68371105　(010)62529336

承　印　三河市君旺印务有限公司

版　次　2015 年 12 月第 1 版
2015 年 12 月第 1 次印刷

规　格　787 × 960

开　本　1/16

印　张　19.5　**彩　插**　8 面

字　数　240 千字

书　号　ISBN 978-7-5159-1072-7

定　价　68.00 元

《中国航天院士传记丛书》
总编委会名单

编审委员会

主　　任　许达哲　高红卫

副 主 任　雷凡培　曹建国

委　　员　李金生　方向明　袁　洁　李　跃　包为民

编撰委员会

总 主 编　许达哲　高红卫

副总主编　李　跃　包为民

委　　员　（按姓氏笔画排列）

于世元　马礼谦　王亚文　邓宁丰　朱芝松
朱忠元　任玉琨　孙玉斌　李　明　李　锋
陈学钏　张连成　周晓飞　侯　晓　贾　可
梁小虹　谭永华

总编委会办公室

主　　任　周晓飞　朱忠元　邓宁丰

成　　员　（按姓氏笔画排列）

丁雅清　于　宁　于　希　王来成　李卫东
杨利伟　辛大广　张铁钧　范占英　唐　燕
徐　睿　戴品华

《刘竹生院士传记》编审委员会名单

编审委员会

主　任　梁小虹

副主任　李　洪　罗晓阳　鲁　宇

委　员　曾　东　李小兵　郎德民　富大欣

吴宏斌　章小芳　王　伟　宋友光

王　刚　杨　洁　孔建平　李显锋

编审委员会办公室

主　任　吴宏斌

副主任　张　巍　蒋先旺　刘兴武

成　员　吕淮北　刘东方　谢建玲　李　焱

卢兆勇　郑　义　王智星　孙静波

刘　晨　林晓明　宁　艳　董媛媛

序　一
Preface I

中国航天事业自1956年创建以来，已经走过50多年的发展历程。在党中央、国务院、中央军委的亲切关怀和英明领导下，中国航天人团结一心、顽强拼搏、勇于创新、无私奉献，不仅取得了以“两弹一星”、载人航天工程和月球探测工程为代表的辉煌成就，孕育形成了航天传统精神、“两弹一星”精神和载人航天精神，也造就了一支技术精湛、作风优良的航天人才队伍。

航天系统的中国科学院院士和中国工程院院士就是这支队伍的杰出代表。中国航天科技集团公司和中国航天科工集团公司先后有50多位科学家和航天工程专家当选为两院院士。其中，有7位院士获得过“两弹一星”功勋奖章，2位院士获得过国家最高科学技术奖。他们不仅是航天成就的主要创造者，也是航天精神的重要孕育者和忠实践行者。

中国航天事业是在新中国成立不久，工业实力、科技实力、综合国力都很薄弱，帝国主义严密封锁，苏联撕毁协定、撤走专家的情况下发展起来的。以航天院士为代表的中国航天人，自力更生，艰苦奋斗，奋发图强，顽强拼搏，在一穷二白的基础上，独立自主地创建起了中国的航天事业。

航天型号研制是复杂的系统工程，涉及很多领域，需要众人参与，必须大力协同、集智攻关才能完成。以航天院士为代表的中国航天人，在航天工程研制实践中，齐心协力，密切配合，实现了一次又一次技术突破，铸造了一项又一项辉煌成就。他们为祖国的航天事业作出了巨大贡献，却淡泊名利，不计得失，将个人利益置之度外。

航天事业属于尖端技术领域，难度大、风险高、技术复杂，在发展历程中碰到过很多难题，经历过各种坎坷，甚至遭受过重大失利。以航天院士为代表的中国航天人，在困难和失败面前不动摇、不退缩，树立百折不挠、锲而不舍、脚踏实地、严谨务实的工作作风，不断攻坚克难、勇攀高峰，取得了一个又一个胜利，树立了一座又一座丰碑。

今天，在由航天大国向航天强国迈进的征程中，航天院士的科学思想、创新意识、坚定信念和爱国情怀是全体航天人宝贵的精神财富。中国航天科技集团公司和中国航天科工集团公司决定出版《中国航天院士传记丛书》，不仅是为了宣传航天院士的科研成就，总结航天院士的成长规律，更是为了传承航天院士的宝贵精神，使之生生不息、薪火相传，为“续航天梦、筑强军梦、圆中国梦”的伟大实践提供精神动力和思想源泉。

2014 年 1 月

序　二
Preface Ⅱ

中国航天事业创建半个多世纪以来，培养和塑造了一大批功勋卓著、德高望重的中国科学院院士和中国工程院院士。他们具有坚定的理想信念和强烈的爱国情怀，理论功底深厚，技术水平高超，善于引领科学发展和技术创新，在中国航天事业发展的关键时期发挥了重要作用，为中国航天事业取得辉煌成就、孕育航天精神作出了突出贡献。

为了全面、系统地总结航天院士的成长规律，把航天院士的科学思想和创新方法记录下来、传承下去，为中国航天事业积累精神财富，为航天强国建设提供有益借鉴，中国航天科技集团公司和中国航天科工集团公司研究决定，组织编写一套《中国航天院士传记丛书》（以下简称《丛书》）。

党的十八大描绘了坚持中国特色社会主义道路、全面建成小康社会、实现中华民族伟大复兴的宏伟蓝图，同时也为加强国防和军队现代化建设、推进我国由航天大国向航天强国迈进指明了方向。在中国航天事业“续航天梦、筑强军梦、圆中国梦”的新形势下，出版这套《丛书》，具有重大的现实意义和深远的历史意义。

记载航天历史。航天院士是中国航天事业的宝贵财富，他们的成长历程反映了航天事业的发展轨迹。这套《丛书》不仅是航天院士个人的传记，也从不同侧面记载了中国航天从技术到管理、从思想到精神的真实历史。

弘扬航天文化。宣传航天院士，就是站在科学的高度，向社会各界全面宣传航天事业，弘扬航天文化，使其成为中华民族文化宝库的重要组成部分，增强中华民族的自信心、自豪感和凝聚力，提升国家的软实力。

传承航天精神。航天精神是包括航天院士在内的几代航天人，在中国航天事业发展历程中，不断积累、提炼、传承而逐渐形成的，是民族精神、时代精神与航天实践相结合的产物，是中国航天事业之魂。《丛书》全面反映了航天院士的学术成就、科学作风和思想品格，有助于航天精神薪火相传。

培育航天人才。中国航天事业已经完成了新老交替，一代航天新人正在茁壮成长。《丛书》是泽被后世的人才工程，对于培育航天人才、发展航天事业、铸造新的辉煌将产生积极的促进作用。

总之，《丛书》是一套具有航天特色的爱国主义教材，是不可多得的精神食粮。相信这套《丛书》的出版发行，必将吸引更多的年轻人热爱航天、投身航天、奉献航天，以饱满的热情和昂扬的斗志再攀高峰，使中国航天事业后继有人，蓬勃发展，续写辉煌。

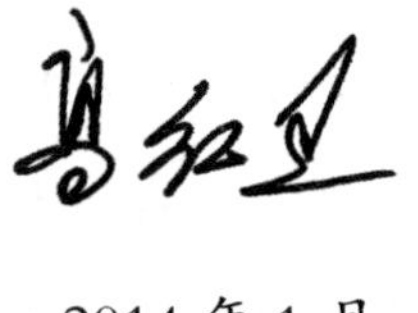

2014 年 1 月

目 录
Contents

第一章

生逢乱世

我出生于日本统治下的哈尔滨。幼年时期，我亲眼看到了日本对中国的侵略与奴役，也体验了抗战胜利后的喜悦。国家！国家！国和家原本就是不可分割的啊！

——刘竹生

1. 生命之初

我的家在东北松花江上，

那里有森林煤矿，

还有那满山遍野的大豆高粱。

……

九一八，九一八，

……

这首创作于20世纪30年代中期的歌曲《松花江上》，饱含血泪和悲愤，唱出了当时中国东北普通百姓的心声。当时的东北，狼烟四起，日寇横行。1931年9月18日，中国东北地区沦陷，日本关东军出兵，先后侵占了中国的辽宁、吉林和黑龙江，利用清朝末代皇帝溥仪，在中国东北炮制傀儡政权，成立了伪满洲国，妄图在中国领土上构建所谓的“王道乐土”。尽管日本一再宣传其所谓的大东亚共荣理论，但在普通中国老百姓心里，这只不过是他们的欺世谎言。中华民族的理念，深深根植在老百姓的心里。

这首感人肺腑的歌曲，唱出了中华儿女悲怆的心声。这其中，就包括平凡的哈尔滨市民刘廷珍。

作为家中长子，刘廷珍最初和父母住在辽宁省海城县芦屯站，一家人靠种地为生。8岁那年，父亲过世，母亲忍住悲痛，独自拉扯大三个儿子。穷人的孩子早当家。在大多数同龄人无忧无虑之时，刘廷珍已担当起家庭的部分责任，每日扛着锄头在田间挥洒汗水，收工后，帮助母亲照看两个年幼的弟弟。

9岁多的时候，刘廷珍曾有过短暂的读书生涯。他深知家中境况的窘迫，读书时，特别认真，成为了“文化人”，但家中的生活却更加拮据，一家人过着捉襟见肘的生活。妈妈一顿饭只吃很少一点儿，尽量把饭匀给三个正长身体的孩子，一家四口勉强度日。两年后，一家人甚至到了吃了上顿没下顿的地步。刘廷珍不得已辍学，并四处挣钱贴补家用。放过牛，打过零工，当过药铺小伙计，刘廷珍珍惜每一次挣钱的机会。尤其在药铺，他打扫庭院，收拾铺子，包下了所有的粗活儿、累活儿，深得老板欢心。日子久了，耳濡目染，有些简单的病症应该怎么治疗，刘廷珍也能略知一二。

有一天，刘廷珍从药铺回家，刚一进门，看到母亲正兴奋地跟一位大伯说话。看到廷珍，母亲高兴地招了招手：“快过来，你大伯说中东铁路中央电话局现在正招人，你大伯正好在那儿做事，你想去不？”“想去，当然想去！”刘廷珍毫不迟疑地连声说。

在大伯的介绍下，刘廷珍进入电话局工作，专职负责电话转接。对刘廷珍而言，这真是一个好差事，电话局不仅是正儿八经的大单位，而且——多神奇啊，通过一根小小的电线，就能和远距离的人说话，两边的人还能听得很清楚。第一次，刘廷珍对科学技术有了深刻的感性认识。

因为干活踏实、勤快好学，刘廷珍深受大伯的喜爱。不久，大伯便把自己的宝贝女儿许配给了他。招工招成了佳婿，这也成为当时的一段佳话。在哈尔滨郊区的一座小平房里，二十几岁的刘廷珍组建了自己的小家庭。随着家庭的

中东铁路中央电话局

组建而带来的人间温情，多少减轻了刘廷珍心头的愤懑。虽然此时的东北大地满目疮痍，虽然内心依然充满着对日寇的愤恨，但刘廷珍也感受到了肩头的责任。照顾好妻子和亲人，在乱世中踏踏实实地活着，一切都会有希望……

妻子刘金氏是一位温柔娴静的女子，话语不多，但勤劳文静。动荡的时局之下，两个新婚的年轻人相互体贴、彼此照顾，支撑起共同的家庭。

1935 年，两人的第一个孩子降生，是个女孩，刘廷珍欣喜万分，对孩子万分喜爱，给她取名刘梅生。

四年后，1939 年 11 月 17 日，天空灰蒙蒙的，凛冽的寒风阵阵袭来，乌云笼罩着哈尔滨市，大地裹着厚厚的积雪，街上行人稀稀落落，身穿制服、脚踩皮靴、身背枪支的日本兵在马路上走来走去。下午 4 点，天空就像傍晚一样昏暗。

在哈尔滨道里区安化街内 18 号宅子里，一声婴儿的啼哭划破寂静，刘金氏诞下一名男婴。乱世之

刘竹生的父母——刘廷珍和刘金氏

中喜得麟儿，刘廷珍欣喜若狂。抱着襁褓中软软的婴孩，他思虑再三：这是家中的长子，该取个什么名字好呢？“文化人”刘廷珍想想此时的国与家，想想孩子的未来，决定为孩子取名：竹生。

竹子，在中国人眼中是坚毅与气节的象征。与梅、兰、菊一起，竹被认定为四君子之一，象征着自强不息、清华其外、淡泊其中等品格。虽然国事艰难，但刘廷珍觉得，这个孩子的一生，应该像竹子一样挺拔、坚强、有毅力、有气节。

刘竹生的诞生，为这个贫苦的家庭带来了欣喜和希望，而“竹生”这个寓意颇深的名字，则寄托了父亲沉沉的期望：做一个不慕荣华的人，做一个正直有节、勇于担当的人，做一个讲道义、辨是非的人。

2. 抗战胜利

刘家居住的地方在哈尔滨市道里区的偏脸子。这里原是一片沼泽地，芦苇丛生、野鸭成群、狐獾出没、蚊蝇孳生。20 世纪 20 年代起，俄国人在这里建立了“纳哈罗夫卡村”。村子里，一些破旧的房屋杂乱地建在高地上，地面坑洼不平，被当地人称为“偏脸子”。当时的哈尔滨道里区流传着这样一个关于地名的民谣：

火车头，呜呜叫，吭哧吭哧进地包。

地包里，路向西，过街就是难民里。

难民里，朝西行，眼见莫斯科大兵营。

石板道，大兵营，往北那是纸园町。

纸园町，画纸上，路边有家打牛房。

打牛房，奔道里，坑坑洼洼偏脸子。

……

尽管住在偏僻荒凉之地，居住条件有限，但刘竹生的童年时代却是丰富多彩的。

从三四岁开始，刘竹生就常常跟随在母亲和姐姐的后边跑，她们去哪里，他就跟着去哪里。在他之后，家里又有了四个弟弟妹妹。一家八口，挤在一间又小、又破的房子里。在外人看来，房小屋窄太过寒酸，但在幼小的刘竹生眼里，房子的新旧、大小，他并不关心，只要自己和家人能在一起便是快乐的。春去夏来，秋去冬来，在结满了冰的小水沟里玩滑雪，工具是简单、自制的，但快乐却是真实的。

但也时常有不高兴的事情发生。一次，刘竹生去街头水井处排队打水，碰见一个比自己高一头的男孩子，只见他二话不说，直接插队站到了刘竹生的前面。刘竹生急了：“不许站我前边，后边排队去。”谁知这个男孩不仅不理会，反而蛮横地把刘竹生向后推。刘竹生毫不示弱，伸手反击，眼瞅着两个孩子就扭成了一团，一场打斗即将开始。旁边的大人见了，急忙把两个孩子拉开。一个大人把刘竹生拉到一旁，悄悄地告诉他：“你怎么敢打他呢，他可是个日本人！千万不能惹他。”刘竹生气鼓鼓地跑回家，问父亲：“凭什么日本人那么横？凭什么！”父亲刘廷珍慈爱但无奈地告诉他：“这地方现在归日本人管，千万别和他们起冲突。”

日本在中国东北建立了一整套管理制度，人员的等级严格且分明。日本人属于特权阶层，朝鲜人算得上二等公民，还有出卖良心的汉奸在帮助特权阶层维持秩序、欺压同胞。不仅如此，日本人还命令中小学生必须学习日语，妄图把中国东北地区作为它长久的殖民地，永远统治下去。

刘竹生不是很明白父亲的话语，但内心隐隐感到了不公与反感——不排队还打人，真不讲理！幼小的刘竹生第一次对日本人有所了解。

刘竹生家附近有个大烟馆，大门总是敞开的，门口总是熙熙攘攘，热闹非凡。进进出出的人中，大部分是脏兮兮的，走起路来摇摇晃晃、歪歪扭扭。一次，路过烟馆的刘竹生心里特别好奇，里面的人在干嘛呢？于是他趴在烟馆门口向里张望。只见烟馆内烟雾缭绕，烟雾之中，或明或暗地可以看到里面并排有几个大土炕，炕上歪七竖八地斜躺着一些衣衫褴褛、面黄肌瘦、满脸鼻涕眼泪的人，都一个个用嘴叼着长长的大烟枪，烟枪的一头儿放在煤油灯上，时而吞、时而吐……整个场景昏暗而肮脏。

回到家里，刘竹生把自己看到的情形讲给大人们听。大人们严肃地告诉刘竹生，这些人抽的是鸦片。这群抽鸦片的人一个个都是行尸走肉，不务正业，大多穷困潦倒；烟瘾一犯，什么事都做得出来，偷鸡摸狗，贩女卖童，坏事干尽！原来是这样啊！刘竹生暗暗想到，这些人真害人，一群讨厌的人！朴素的是非，简单的善恶，在刘竹生的眼里渐渐分明。

六岁那年的初秋，刘竹生看到了一个罕见的、集体欢庆的场景。那是1945年8月的一天，秋高气爽，大街上聚集了很多人，人人脸上都带着热烈的笑容，个个扬眉吐气、精神抖擞。他们之中，有的人点燃鞭炮，“噼噼、啪啪”地震耳欲聋；有的人振臂高呼：“打倒日本帝国主义，解放东三省”，引得众人一起呼应；有的人敲锣打鼓，以最喜庆的方式庆祝……

刘竹生听到大人们议论纷纷，说抗战胜利了，日本投降了。父亲刘廷珍的心情十分激动，年幼的刘竹生自然无法理解父亲的兴奋，但在父亲的心中，心情的复杂又岂是“激动”二字所能形容的呢！还记得当年听过的歌曲：

我的家在东北松花江上，
那里有我的同胞，
还有那衰老的爹娘。
九一八，九一八，
……

经过多年的抗战，而今，终于告别了日寇的殖民时代，终于迎来了胜利与希望。哈尔滨的街道上，从此再也没有日本人在那里指手画脚、横行霸道了；从此再也没有中国人屈辱而痛苦地生活在别的民族之下了。

从来没见到过这么多人的集体欢庆，从来没见到过这么多热情洋溢的笑脸，虽然不能完全理解抗战胜利的意义，但在刘竹生看来，日本投降无疑是件好事。他和其他孩子一起跑到大街上，兴高采烈地跟着大人走，欢天喜地地挥拳头、喊口号：打倒日本帝国主义！

普天同庆的情景，深深印在刘竹生的心里，让他永远难忘……

3. 旧貌新颜

刘竹生居住的道里区属于郊区，很少有车辆经过。但是，有一天，街面上突然来了好几辆轿车和吉普车，前前后后排了一列。好奇的孩子们立即追着车跑了过去，其中就有六岁的刘竹生。他看到，这些车开过一段后，都停在了街头的一户人家门口。从门口处围观的人群中，他打听到，原来这家出事了，家里的一个人，以前是个警察，现在自杀了。虽然声音不大，但刘竹生听到人们在说：“自杀的这个人是个假警察、汉奸，过去是给日本人干事的。”“现在苏联红军马上要来了，还能饶了他，这不，一害怕就自杀了。”

第一次见到死亡，刘竹生并不觉得惊慌或害怕，但他有些不理解，怎么会

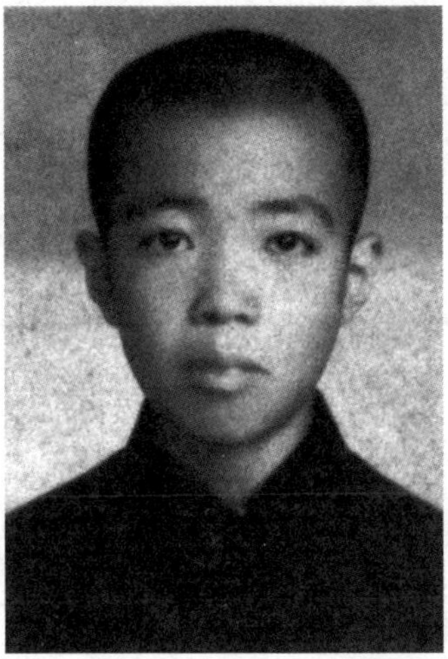

童年刘竹生

这样呢？他摇摇头，叹叹气走开了。

不久以后，刘竹生见到了哈尔滨市民们载歌载舞欢迎苏联红军的情景。他听大人们说起，苏联红军对中国是有帮助的，正是苏联红军的支持，中国才能那么快打败日本鬼子。和大人一样，刘竹生的心里满满的都是感激。尽管对方与自己不一样，金发碧眼，但刘竹生对苏联人依然尊敬有加：帮我们打跑了日本鬼子，苏联红军真厉害！

大部分苏联红军对中国老百姓很好，态度亲切，为人幽默，但也发生过苏联军人喝酒闹事的事情。一天，从邻居家里传来女子呼喊救命的声音，刘竹生的父亲刘廷珍义无反顾地挺身而出，抡着一根大棒就出去了。进门一看，原来是一名醉酒的苏联军人想要侮辱这名女子，受到女子的激烈反抗，并高声呼救。闻声赶来的还有其他邻居。最后，在左邻右舍的帮助下，大家齐心协力地把这个苏联军人赶了出去。

肇事者被赶走了，但是大家的心头都好像压了一块大石头，有点喘不过气来。年幼的刘竹生目睹了这一切，再次心生感慨，他们怎么能这样呢？随着年龄的增长，刘竹生渐渐懂得个体与整体的关系。几个人的行为不端并不代表群体的不好。整体而言，苏联人民是中国人民的好朋友，那些苏联红军中的个别分子不能代表全体苏联人民。

散乱的街道，破旧的瓦房，三教九流的人群，新旧交替的环境，最质朴的是非对错，最纯粹的欢乐悲哀，在这样的环境中，年幼的刘竹生慢慢成长……

1947年，苏联红军把哈尔滨移交给中国共产党管理，哈尔滨成为继延安之后率先解放的几个中国城市之一，随即发生了一系列的变化。年幼的刘竹生看到，多年的大烟馆不见了，取而代之的是国营造鞋厂，一群群年轻人精神饱满地进出工厂，充满活力，而那些萎靡不振的大烟鬼再也看不到了。街道上大部分人的脸上都洋溢着笑容。刘竹生和小伙伴们在外面轻松地玩耍，再也不用担惊受怕那些特权阶层了。

刘竹生

刘竹生院士传记

Academician Liu Zhusheng's Biography

第二章

小荷初露

少年时代的我经受了失去母亲的痛苦，父亲也远离家庭到外工作，我很早便学会自立了。还好，那时候我对数学兴趣盎然，时不时地能产生一些新奇的想法。

——刘竹生

1. 绮纨之岁

小嘛小儿郎，背着书包上学堂，

不怕太阳晒，不怕风雨狂，

只怕先生骂我懒哪，没有学问啰无脸见爹娘。

……

1947 年 9 月，八岁的刘竹生也成了一名小小的读书郎，天天背着小书包兴冲冲地去上学。

刘竹生所在学校是哈尔滨抚顺小学，离家不远。开学第一天，天气晴朗，阳光明媚，刘竹生斜挎着妈妈精心缝制的书包，做好了上学的准备。出门前，妈妈慈爱地抚摸着刘竹生的头，反反复复地叮嘱："上学以后一定要好好学习，听老师的话，记住了。"刘竹生懂事地点点头，一蹦一跳地朝学校跑去……

抚顺小学并不很大，在这里，刘竹生新奇地看到了一个崭新的天地。教室里，简陋的木制桌椅摆放整齐，小朋友们坐姿端正。刘竹生发现，班里的同学年龄有些参差不齐，有的和自己差不多大，看上去八九岁，有的则比自己年长，看上去有十二三岁。虽然年龄不一致，但刘竹生很快就和大家熟悉了起来。

少年刘竹生

刘竹生领到了崭新的书本。怀着喜悦的心情，他打开书本，翻看这陌生的文字和图画。虽然这些书本的纸张泛着黄褐色，字迹也不是那么清晰，但在小学生刘竹生的眼里，书本似乎是一个未知的世界，充满着神秘，等待着他去探索……

上学时，刘竹生是认真的，但儿童贪玩儿的天性，让这名小学生玩儿起来常常缺少节制，因而学习成绩时好时坏，但是数学成绩却一直在班上名列前茅。与其他同学相比，刘竹生的动手能力也是他们无法企及的。

同学们都知道，刘竹生是个“摔泥锅”的高手。“摔泥锅”是当时小孩子们最喜爱的游戏之一，就是把泥巴和水掺和在一起，捏成类似锅、碗的形状，把底部捏得尽量薄一些，而后将捏好的碗猛地扣过来朝地上一摔，随着“嘭”的一声响，薄薄的底部就会破个窟窿，谁捏的泥锅的窟窿大，就算谁赢。一遍遍地捏，一遍遍地扣，多次比赛下来，小伙伴们发现，刘竹生总能赢；而且，他还能用泥巴捏各种小动物，有小狗、小鸡、小鸭等。看着刘竹生捏好的一排排小动物，其他小伙伴也不甘示弱地跟着学，但结果总是不尽如人意——谁都赶不上刘竹生捏得好、捏得像。

在折纸方面，刘竹生也是个“高手”。折纸飞机、折纸小船，这对刘竹生来说都是小菜一碟，他还会折结构比较复杂的小庙，分为上、下两层，下层的庙门还可以打开、关上。仅这一点，同学们就都望尘莫及，就连刘竹生的姐姐也是他的手下败将——姐弟二人常常比赛折纸，看谁折得快、折得好，结果往往是弟弟胜出的时候更多一些。

三年级时，在一次“挑豆子”的活动中，聪明的刘竹生第一次在学校全体师生面前发挥出自己的才干，为大家提供了良好的工作方法。

那是1950年的秋天，学校组织小学生们为苏联“老大哥”挑豆子。学校要求，从一袋袋大小不等、好坏掺杂的黄豆中，把最大、最好的豆子挑出来，日后送给苏联老大哥，以表达对老大哥的感激之情。当时，在中国普通老百姓心中，苏联俨然是正义的化身，小学生更觉如此，都认为能为老大哥挑豆子是一件特别崇高的事情。于是，大家把对老大哥的尊重凝聚在这些豆子身上，挑得格外仔细、认真。在连续的几天里，老师不教书，学生不上课，大家齐心协力，从早到晚不干别的，只挑豆子。

挑豆子采用的方法是最简单的一粒粒翻看，正面看一下，反面看一下，确认没有虫眼、大小合适后才行。一袋袋的豆子，一粒粒地挑选，虽然辛苦，但大家心里火热——这不仅仅是一项光荣的政治任务，更是为了让苏联老大哥早日吃上这批黄豆。同学们你追我赶，想方设法地加快速度。

一次，有个女同学从书包里拿出一面小镜子，对着自己的脸左照右照，忽然一转脸，发现刘竹生在旁边若有所思地盯着她看，脸“唰”地一下变红了，立刻把镜子收了起来。刘竹生却没有退后，反而走到这个女生面前说：“能把你的镜子借我用一下吗？”

女生奇怪地看了他一眼，心里充满了疑惑，但还是把镜子递给了他。只见刘竹生一只手拿镜子，另一只手捡起一粒豆子，将豆子放在镜子前边一照，笑容不自主地绽放出来，嘴里喊道：“有了，有了！”原来，通过一面小镜子，可以在同一时间看到一粒黄豆的正、反面，可以一眼检查出这粒豆子有没有虫眼，比原先正看一下、反看一下，无疑事半功倍。采用这个办法，刘竹生挑豆子的速度明显提高了很多。后来，这种“小镜子鉴定法”在全校推广，大家挑豆子的速度都加快了许多。

出主意想办法的刘竹生心里暗自高兴。同时，他也模模糊糊地明白了一个道理：有些事情可以尝试不同的解决方法，只要肯动脑筋，也许就会发现更好、更快的解决办法。

在自己的班里，刘竹生和同学们的关系融洽，特别是几个课后一起玩耍的小伙伴。但也有刘竹生刻意疏远的个别同学。

班里有一位女生，不光人长得漂亮，穿着也很得体，打扮很时髦，因而是大家关注的焦点。一天下课后，一群同学围坐在课桌旁聊天，这个女生煞有介事地讲起了她家里的一些事情。她说："我的父亲是个医生，曾经在家里养过两个小矮人。有一天，父亲要杀掉这两个小矮人做实验。小矮人跪下来向父亲求饶，但父亲并没有放过他们，最终把这两个小矮人杀掉了。"

在一旁的刘竹生听完不由得打个寒战，冒出一身冷汗来。不管怎么说，小矮人也是人呀，怎么能这么残酷呢，说杀就给杀掉了？刘竹生实在不理解这个女生为什么要炫耀式地讲这个故事，难道她就不觉得残忍吗？表面这么美好，内心却这么丑陋。瞬间，在刘竹生的眼里，这个女生的漂亮与时髦，成为一种变味的虚伪与骄傲，不禁对其深深厌恶，从此再也不理那个女生了。

这件事情对刘竹生的内心触动很大。事后，他深刻地认识到，外表的光鲜只是外表，内在的善良与否，才是最本质的。做人，真的不能只看表面啊！

2. 长子自强

无忧无虑的童年时光倏忽而过，转眼间，刘竹生已经上小学五年级了。这一年，他遭遇了人生的第一个转折点。

这一年，贤惠而温柔的母亲因为劳累过度，患上了肺结核。刘竹生看着母亲承受着病痛的折磨，疼在心里，一改往日放学后疯玩儿的习惯，每天放学后就赶紧往家里跑。回到家里，他便开始照顾病榻上的母亲，端汤送药，嘘寒问暖。同时，他还帮着家里做些力所能及的家务，照顾年幼的弟弟妹妹们。一时之间，刘竹生忽然长大了。

为了给母亲治病，家里欠了一大笔外债。但最终，病魔还是夺去了母亲的生命。这一年，刘竹生年仅十三岁。

母亲的离世让刘竹生痛苦不堪！

胎婴未成人，十月怀母腹。

渴饮母之血，饥食母之肉。

儿身将欲生，母身如在狱。

惟恐生产时，身为鬼眷属。

一旦见儿面，母命喜再续。

爱之若珍宝，日夜勤抚鞠。

……

正如这首《劝孝歌》中所言，母亲对于孩子的慈爱是纯净而真挚的，是全心全意而不求回报的。刘竹生还记得母亲为他亲手缝制的第一个小书包，还记得母亲手把手地教他怎么折纸叠飞机，还记得温柔的抚摸和切切的期盼的眼神……每次回忆起这些，回忆起与母亲相处的点点滴滴，年少的刘竹生都忍不住泪流满面……

生命，在病魔面前显得那么脆弱！而死亡，又怎能隔断少年对母亲无尽的思念！

然而，看到哀伤凄苦的姥姥，看到悲痛欲绝的父亲，看到凄惶无助的弟弟、妹妹，作为长子，刘竹生感到自己不能放纵这种悲痛。擦干眼泪，刘竹生心中暗下决心——我要努力，努力读书，努力上进！母亲，为了您，我要好好争气！

所幸的是，在母亲去世之后，慈祥的姥姥便来到刘家，帮着照顾六个孩子。这位典型的东北老太太不仅手脚麻利、干活勤快，而且通情达理、心胸开阔，是位了不起的女人。经历了白发人送黑发人的悲痛，姥姥坚强地挺了过来。她知道，自己不能垮掉，家中还有六个大大小小的孩子等着她去照料，他们都是自己亲闺女生命的延续啊……从姥姥的身上，刘竹生感受到了来自长辈的温暖。带着敬意，他注视着年迈的姥姥，感受着一位长者的温和与坚强。

作为家里的顶梁柱，刘竹生的父亲必须尽快地从痛苦中解脱出来。为了尽早还清外债，为了养活全家八口人，父亲刘廷珍拼命地干活、挣钱，每天工作到很晚。没有了母亲的家庭是残缺的，但一家人彼此关心，相互照顾，直到两年之后……

两年后的一天，刘廷珍早早下班回到家，却一言不发，皱着眉头坐下，闷着头一根接一根地抽烟。从没见过父亲这般模样，孩子们一时有点摸不着头脑，在旁边不敢吭声。这时，姥姥走过去，小声地问道："咋了？"父亲看一眼姥姥，闭上双眼，依然保持沉默。姥姥急了，放开嗓门问道："咋的了？你倒是说话呀！"父亲慢慢睁开双眼，猛吸一口烟，像是下了很大的决心似地说道："我们单位要迁到兰州去了，我走后，这六个孩子咋整？两个大的还好说，四个小的……唉……"

姥姥却不以为然，很轻松地回答："我以为啥事呢，不就是去兰州吗？没事，你走吧，把家交给我，这些孩子哪个也饿不着。"接着问道："什么时候去？去多长时间？"刘廷珍无可奈何地说："过几天就走，多长时间说不准。这是支援国家建设，是政治任务。要不是咱家现在这种情况，去也就去了，我就是放心不下您和这些孩子呀！"听到没有确切的回归时间，姥姥沉默了，一时之间，家里寂静无声。

过了好大一会儿，父亲带着愧疚对姥姥说："让您老受累了，干不动的活儿您千万别硬干，可以请邻居帮忙。"父亲又转过脸对着孩子们说："我走以后，你们一定要听姥姥的话，姥姥太不容易了！"

接着，父亲对两个大孩子又叮嘱了几句。父亲对刘竹生说："我不在，你要帮姥姥撑起这个家，别让姥姥累着，累活儿你要主动干。"刘竹生默默地点了点头。父亲又转脸对姐姐说："照顾好弟弟妹妹。"

父亲离开家的前一天晚上，除了通常吃的高粱米和大白菜之外，姥姥还精心地做了几盘菜，年幼的弟弟妹妹们为饭菜的丰盛而兴高采烈，然而刘竹生和姐姐都知道，这是一次离别的开始。刘竹生不停地给父亲夹菜、添饭："爸，您多吃点，再来点……"

吃过晚饭，父亲和姥姥唠到很晚，家里的大事小情，都一一说了一遍。伴着父亲和姥姥时高时低的谈话声，孩子们一个个地进入了梦乡，只有刘竹生辗转反侧，难以入眠。在一起时，往往忽视父子间的温情，一旦面临离别，刘竹生的心里沉甸甸的。对父亲的依依不舍，对父亲辛苦工作的体谅，对家庭面临的困境的担忧，对异日团聚的期盼，多种感情齐聚心头。一时之间，他有点哽咽了……

第二天，在父亲出发之前，刘竹生像个男子汉似地对父亲说："爸，有我在，你就放心地走吧，我会照顾好这个家的。"看着十多岁的儿子眼睛里流露出的与年龄不相符的坚毅，听着儿子自信的话语，父亲忐忑的心渐渐生出些许安慰。他抚摸着儿子的头，赞叹地说："好孩子，爸相信你。"

从此，一家人分别生活在两个城市，开始了长长的别离与思念。父亲每个月都会准时寄来生活费。对于父亲辛苦工作得来的工资，刘竹生和姐姐一分钱都不乱花，精打细算着过日子。而刘竹生也兑现了自己的承诺，成为一名真正的男子汉，挑起了家庭生活的重担。深秋时节购买冬储大白菜，刘竹生来；冬天里安装火炉、烟筒，刘竹生来；春天里拆卸、收藏烟筒，刘竹生来。过去家里的脏活、累活，都是由父亲来干，而今，作为长子的刘竹生，当仁不让地全部包揽下来。

穷人的孩子早当家。这句话，在刘竹生身上得到了很好的诠释与印证。

3. 乐在其中

1952 年 7 月，刘竹生小学毕业，同年 9 月，开始在哈尔滨第五中学读书。没有上小学时方便，学校离家比较远，最快的到校方式是乘公共汽车，从起点坐到终点，而后步行一段路程，穿过一个小桥才到学校。乘车固然方便，但乘车需要花钱啊！面对家里的窘困，刘竹生思虑再三，决定走路上学。

1952年，刘竹生抚顺小学毕业证书

到校的路程步行需要一个多小时，在外人眼里，这似乎有点过于辛苦。但刘竹生觉得，一路走着，既能节省路费，还能经过很多地方、看到很多东西，不失为一种乐趣，甚至能增加他的人生阅历，所以，他并不觉得这是一件苦差事。比如，上学放学的路上，要经过一个面粉厂。一次，刘竹生大着胆子溜进面粉厂，看到里面有一排排又高又大的车间，许多大管子横七竖八地交错在头顶上方。而每个车间里都有机器在轰鸣、运转，工人们在搬进搬出地忙碌着。他看到，两个工人师傅将一袋麦粒倒进一台机器口中，眨眼间就被机器吞没，而很短的时间后，在另一台机器旁边，白花花的面粉喷薄而出。太神奇了，刘竹生不禁想到，这机器力气可真大，要是在家里磨面，半天也磨不出来多少呀！

清贫的日子里，刘竹生安心知足，以苦为乐。而在学习上，刘竹生的机智与坚韧时常闪现。在中学的多门课程中，他最感兴趣的是数学、物理和化学三门课程，尤其是前两门，越学越感兴趣，还能逐渐在学习中品出一点“门道”来。

放学的路上，途经一家书店，一有时间，刘竹生就会去书店看书，书店的服务员对此也习以为常。有一天，刘竹生在书店里看到一本《数学物理难题习题集》，他翻了翻，看有许多复杂的题型，这些都是课堂上见不到的，不觉心花怒放。这本书仿佛如磁石般，牢牢吸引住了刘竹生，他像收藏家遇到传世珍品一样，内心充满了喜悦。回到家后，刘竹生赶忙把自己积攒的钱全都拿出来，数了好几遍，终于凑齐了 500 元（相当于现在的 5 元钱）。第二天，兴致勃勃的刘竹生冲进这家书店，把紧握在手的钱交给服务员，买下了这本心爱的习题集。随后的一段时间里，刘竹生抓紧时间看完这本书，完成了书上的每一道题。沉浸在攻克难题的世界中，仿佛士兵击败了敌人，刘竹生有一种难以名状的成就感和幸福感。而对于数学和物理超乎寻常的喜爱，也似乎注定了他日后的工程生涯。

初中有一位数学老师姓周，管教学生的方法有些独特。虽然不是班主任，但他每次上课时都要求每个学生的衣服扣子必须全部扣好。在当时，男孩子的衣服上掉个扣子、多个口子、有点脏乱是常有的事。别的老师从没有为了这些刻意要求什么，但周老师的要求让大家颇觉意外，但又不能不遵守。于是，每逢周老师上课，同学们都会在上课之前把衣服扣好、缝好，以相对整洁的面貌去上课。而周老师的教学也特别认真，讲思路，教方法，严谨周密。不知不觉间，这种踏实稳健的作风，熏陶着课堂上的学生们，其中也包括刘竹生：衣服不必华丽，但必须整洁；学习不能懒散，必须严谨。从那时起，刘竹生养成了良好的生活和学习习惯。

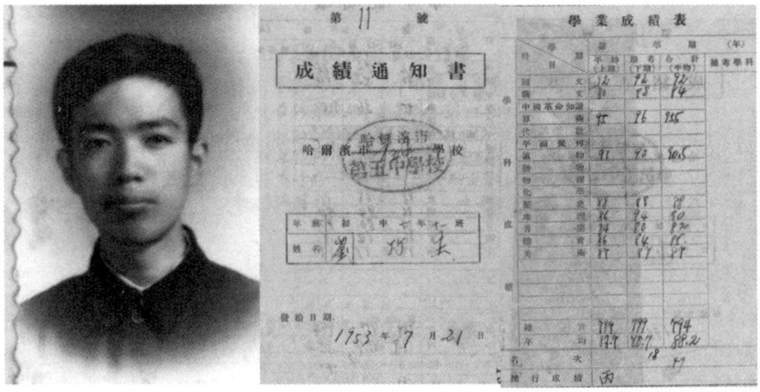

1953年，刘竹生初一成绩通知单

然而，刘竹生存在着偏科的情况。对于感兴趣的内容，他会主动往里钻，比如数理化，而对文科课程则不太感兴趣，甚至对某个老师的某些说教很抵触。为此，姐姐没少跟刘竹生费口舌，但往往没有什么成效。忽然有一段时间，刘竹生对历史课开始感兴趣了，不过，他的兴趣点并不在历史事件上，也不在课本上的知识点或该考试的内容上，而是书中的那些插图。比如，在讲《阿房宫赋》时，老师讲了宫殿里的摆设，宫殿里建有多少根柱子，房梁上画了什么图案等，这些内容，刘竹生特别喜欢听。一向喜欢画画的他，在座位上暗自琢磨：等长大了，我一定把宫殿画出来，嗯，宫殿的柱子是这样，柱子底下应该有个莲花，上边应该是那样，还有花草该这么弄……历史课堂上，刘竹生思绪纷飞，由抽象的文字联想到具体的实物图形。在他的笔下，一座座宫殿、一个个人物、一棵棵树木先后诞生，线条简洁，笔力到位。

1953 年 7 月 21 日，刘竹生初一期末考试。在班上 49 名同学中，他的成绩排名第 18，仅是中上等。但他对理科的偏爱、对绘画的热爱，已显露无遗。而在初中时期养成的严谨的作风，以及闻难而喜、遇难而上的精神，令他受益终生。

1954 年 9 月，哈尔滨新建了一所中学——哈尔滨第十五中学，15 岁的刘竹生转入哈尔滨第十五中学学习。1955 年 7 月，刘竹生初中毕业。

4. 寻门悟道

三年的初中生涯，刘竹生大多是以长时间步行的方式去上学的，而到了高中，这种局面发生了改变，他就读的高中——哈尔滨第十四中学，距离住家不算远。

1955 年 9 月，刘竹生步入高中。他发现，学校里有一部分老师是差点被划成右派的学者，很有教学水平。在这里，刘竹生再次见识到了教师的严谨，再次感受到了数学的魅力。

一次，班上的数学老师病了，邻班的王老师前来代课。谁知道这位王老师来了就考试。所发的考试卷子，其中一道是没有学过的代数证明题，证明下边这个公式：

$$(a+b)^2=a^2+b^2+2ab$$

全班同学都有点傻眼了，没学过的谁会啊？大家大眼瞪小眼。

刚拿到题的时候，刘竹生也有点挠头，但静下心来仔细思考一下，他发现，有门！采用几何的方法，他绕着弯儿解答出这道难题。刘竹生在卷子上画了一个草图，大正方形的面积正好与两个小正方形和两个长方形的面积之和相等。

卷子交上去后，他心里稳稳当当的。

谁知第二天，王老师把卷子发给大家时说："全班没有一个人做出来。"对此，刘竹生颇觉意外，拿到自己的卷子，看到卷子上的叉号，他急忙举手问老

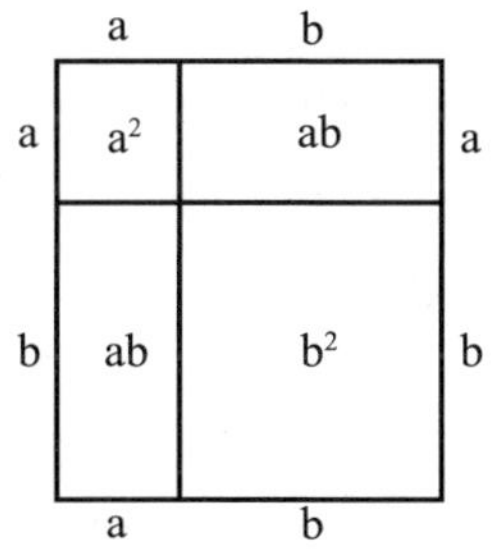

师："我觉得我做的没错。"老师拿过卷子，仔细看了一遍，迅速地把叉号改成了对号，并在卷子旁边写了两个字：妙想。接着，面对着全班同学，王老师说："刘竹生同学用几何的方法把这道题做出来了，很好。"

老师的表扬，让刘竹生着实兴奋了一阵子。也确实不容易，在没学过的前提下，用几何的方法把代数题解出来，需要一定的机智。然而，刘竹生的兴奋并不只是自己受到了表扬，而是他忽然发现，代数和几何二者之间是有联系的，是可以相互佐证、关联紧密的。既然用几何的方法可以解代数的问题，那么，反过来，几何题也可用代数的方式表示出来。从此，刘竹生在做题时，总是喜欢想出好几种解法。数学，这门看似复杂的学科在刘竹生的眼里，不仅更容易了，也更加生动有趣了。

刘竹生以此类推，既然几何和代数之间有关联、能互通，那么，从更广泛的意义上讲，不同种类的知识之间，甚至不同学科之间，是不是也是互相关联的呢？比如，数学和物理、化学之间应该是有关联的，而且关联性应该不小。那么，文科和理科之间，也应该是关联的，文理之间，不应该是互相孤立的，应是有相互交叉、相互交融之处。

一次偶然的解题，让偏爱理科的刘竹生感悟颇深，一时之间，有点"开窍"。沿着这个思路往下探索，刘竹生感觉自己窥到了学习的“门道”。尤其是在高三那一年，在学习压力最大、学习任务最忙碌的时候，刘竹生感觉自己对好多门学科的门道有了一定的体悟。每门学科都有其自身的特点和规律，即门道，也就是规律。按照这个规律去学习，高效快捷，效果非凡。

以往，刘竹生对语文并不很感兴趣，尤其是作文。但按照作文的门道去写作，用真情实感去写文章，再辅之以结构、布局，效果就会不一般。高三时，一次摸底考试，刘竹生写了一篇作文，题目为《我的父亲》，他将自己对父亲的真情实感倾注到这篇作文中，发自肺腑地描写刻画了父亲的朴实、辛劳，以及对孩子的挚爱。对于这篇作文，老师的评价是：朴实生动、结构严谨、感人至深，并给这篇作文打了满分。这篇作文后来作为全年级的范文，让同学们广泛学习。这种小小的成功，让刘竹生很受鼓舞。对于学科门道的探索与感悟，让他有豁然开朗的感觉。从此，除了数理化，刘竹生的语文成绩也跃居班上前列了。

刘竹生不禁想起，以往姐姐和老师们都曾反反复复地强调学习方法的问题，可当时，无论别人说过多少遍，自己却往往充耳不闻，效果甚微。一旦亲身经历过某件事情后，可能就会突然间开窍，窥测、掌握到学习的规律与捷径，学习的境界得以提升，学习起来游刃有余——这，应该是人的一种“悟性”吧？！

学习着、思考着、总结着、探索着，刘竹生的高中时光飞快而过，转眼到了填报高考志愿的时刻。由于酷爱画画，刘竹生最想报考的大学是中央美术学院。但这所学校当时在哈尔滨没设考点，如果考试，就必须远赴北京。斟酌再三，刘竹生选择放弃。家里的条件不允许，还是选择其他院校吧！当时，刘竹生重点考虑的是，报考的院校一定要离家近，能够方便照顾姥姥和弟弟妹妹，这是一个非常现实的问题。在这个前提下，刘竹生最终选择了哈尔滨工业大学。这是一所综合性大学，专业众多。经过仔细的分析与对比，刘竹生选报了化工专

毕业証书

学生刘竹生系辽宁省海城县(市、旗)人現年拾捌岁在本校高中三年修业期滿成績及格准予毕业此証

哈爾濱市第十四中學校

校长 黄書

1958年7月24日

1958年，刘竹生高中毕业证书

业。他选报这个专业的初衷很朴实，这个专业用处广泛，将来就业应该不成问题。

此时，距离高考只有3个月时间了。很快，学校做出决定，让高三学生都回家自己复习功课，准备应考。回到家里，刘竹生开始犯愁了——小小的陋室，空间狭小，七口人睡在一张大通铺上，白天把大通铺卷起来，晚上再将床铺铺开。家中只有一张小桌子，几个孩子谁放学早谁先“占领”。虽然是高三最关键的时刻，虽然可以整天“占领”这张小桌子，但家里这么多弟弟、妹妹，自己总不能整天都占着桌子吧。

怎么办呢？到哪里能找个安静的地方复习功课呢？刘竹生满怀惆怅，郁郁寡欢。

一天，刘竹生在校园里遇见同学郑应柱，谈起自己家没地方复习功课的困难。郑应柱笑着对刘竹生说:“别急，我家有个鸡窝，挺安静的，我们可以在那里复习。”刘竹生愣住了:“鸡窝？挺安静的？”郑应柱连忙解释道:“现在没鸡了，当然就安静了。”

郑应柱家离刘竹生家不太远，几分钟就能走到。他们家在屋外搭了一个简易的窝棚，过去曾养了一些鸡，现在鸡没有了，但窝棚仍在。郑应柱家房屋面积很小，窝棚就更小了，大约高一米半、面积十平方米。刘竹生约上另一位同学，和郑应柱一起，三人钻进废弃的窝棚里：搬出几个凳子当书桌，就着一盏简陋的灯泡，打开了课本……虽然鸡窝破旧，但刘竹生很是欣慰，能有个地方安静地复习功课，挺好!

狭窄的空间，简陋的鸡窝，简易的桌椅，昏暗的灯光……三个孜孜不倦的学子开始了高考前的最后冲刺。这似乎印证了“鸡窝里飞出金凤凰”这句话，日后，刘竹生事业的辉煌与这小小的鸡窝不无联系。在这个破旧的鸡窝里，他倾情投入、认真复习，命运之神即将为他打开崭新的篇章，这个来日的“金凤凰”将飞出鸡窝，展翅翱翔……

刘竹生

刘竹生院士传记

Academician Liu Zhusheng's Biography

第三章

青葱岁月

在大学期间，我最喜欢读书，看了许多书，广泛汲取知识。这期间，我还结交了几个好友，结识了与我终生有缘的火箭。

——刘竹生

1. 如愿以偿

1958 年 8 月，刘竹生迎来了生命中的又一个转折点。

一天早上，晴朗的天空白云朵朵，夏日的阳光普照大地。一家人正围坐在桌旁吃早饭，忽然听到“咚、咚、咚”的敲门声，有人在门外高喊：“竹生，竹生，你考上了！”刘竹生慌忙打开门，看见一位同班同学站在门口，他兴奋地对刘竹生说：“快去学校拿录取通知书吧，你考上了，第一志愿哈工大！”

是吗？！刘竹生内心激动不已，兴奋之情溢于言表。

听到这个好消息，姐姐和弟弟妹妹们立刻围拢过来，大家脸上的笑容像夏日盛开的花朵一样绽放。姥姥赶紧放下手中的碗筷，小跑过来，认真地追问：“竹生，他说什么？你考上了，是吗？”竹生握着姥姥的手，一字一句认真地说：“是，我考上了，考上哈尔滨工业大学了。”姥姥高兴坏了，一双眼睛眯成了缝：“好！好！好！太好了！”她慈爱地抚摸着竹生的脑袋说：“你这孩子打小就有出息，好动脑筋，别忘了写信告诉你爸一声，让他高兴高兴！”刘竹生迈开步子，飞似地跑到学校，领到一张雪白的纸，上面有几个大字：录取通知书。仔仔细细阅读了好几遍，刘竹生起身又往家赶。回到家里，他立刻铺开信纸，给父亲写信，与远在他乡的父亲分享这个好消息，让辛劳的父亲得到一些安慰……

俗话说，人逢喜事精神爽。考取了大学的刘竹生神清气爽、意气风发，脑海中忽然闪现出一个念头——虽然是在本市上大学，但以往还真没时间、没心情，观赏这个城市的全貌，趁着现在有时间，何不仔细欣赏一下呢？就这么决定了！

刘竹生在哈尔滨市居住了有 20 年之久，但活动范围十分有限，大多只限于家庭、学校两点之间。他常听同学说起哈尔滨市著名的建筑和风景区，而今他决定要去一一游览这些景点，一饱眼福。

哈尔滨是一个颇具历史韵味的城市。“哈尔滨”这个地名取自满族语“阿勒锦”，意为名誉、荣誉。该城市兴起于 19 世纪末、20 世纪初，随着 1898 年俄国人修建中东铁路而繁荣起来，经过数十载的建设，规模初具，特色鲜明，颇有时代的烙印。

哈尔滨是一座国际化、开放性的城市。这座城市从未修建过城墙，基本是敞开的。19 世纪末，30 多个国家的 16 万余侨民聚集在此，经济和文化的空前繁荣，使哈尔滨成了当时东北亚最负盛名的国际商埠，中西方文化在这里融会贯通，世代流传。城市里至今仍保存着很多欧式建筑，仅中央大街这条 1400 米的长街上就伫立着拜占庭式、巴洛克式、文艺复兴式等多种建筑风格的精美建筑。哈尔滨因此而获得“东方小巴黎”“东方莫斯科”的美名。

带着一双新奇的眼睛，刘竹生仔细观察着这个熟悉而又陌生的家乡，饱览它的优美与别致。和一般人的观察视角有所不同，他对风格各异的建筑物尤感兴趣，对建筑物的色彩与结构特别关注。

他来到圣索菲亚大教堂跟前，认真观看。这个哈尔滨市的标志性建筑是现今中国保存得最完整的拜占庭式建筑，始建于 1907 年，是沙皇俄国侵略中国时的随军教堂，曾经是远东地区最大的东正教教堂。那洋葱头式的大穹顶饱满而巨大，是典型的俄罗斯建筑屋顶形式，教堂的墙体采用清水红砖，大穹顶周围有四个大小不同的帐篷顶，顶下楼层之间以楼梯相连，整个教堂前后左右有四个门可以进出。

果然与中国古建筑有所不同，风格就是不一样！刘竹生在心底赞叹不已。

从圣索菲亚大教堂出发，步行10多分钟，就到了中央大街。在这里，刘竹生驻足观赏。

中央大街始建于1898年，初称“中国大街”，1925年改称为“中央大街”，是一条繁华的商业街，街上人来人往，车水马龙。刘竹生对售卖的商品没有什么兴趣，却被伫立在中央大街两侧风格各异的建筑深深地吸引。他一边慢慢踱步，一边细细观看，一边在心底默默描摹……他感觉，自己不是在逛街游玩，而是在一条罕见的建筑艺术长廊中徜徉，这个长廊风格是如此的迥异，特色是如此的鲜明，让他目不暇接，让他惊叹赞美，让他流连忘返……

顺着中央大街向北走到头，宽阔的松花江出现在眼前。宽阔的江面，奔腾的江水滚滚向前，势不可挡。松花江，被称为东北的“母亲河”，千百年来，灌溉、孕育了整个东北平原。刘竹生站在松花江边，看着江面上的朵朵浪花，看着一只只黑白相间的海鸥在江面上自由地飞来飞去，极目远处的水天一色，令心情无比舒畅。

当年的中国大街

现在的中央大街

松花江北岸有一片沙水相映的美丽景色，就是著名的太阳岛风景区。这里江水环绕、亭桥映柳、荷香鱼跃。俗话说：“没到太阳岛，就不算到过哈尔滨。”驻足岛上，刘竹生看到，微风吹拂着杨柳，柳条像跳舞般摇摆，湖面泛起涟漪，水中的鸭子成群结队地四处游弋。

走着、看着、感慨着，不知不觉间，刘竹生心生豪迈：海阔凭鱼跃，天高任鸟飞！

2. 博览群书

1958年9月，在秋高气爽的时节，哈尔滨工业大学迎来了一批新生。这些大学新生们以好奇而新鲜的眼神打量着这个历史悠久的学府，其中包括化学工程系新生刘竹生。

哈尔滨工业大学简称“哈工大”，其前身是1920年中东铁路管理局为培养工程技术人员而创办的哈尔滨中俄工业学校，是中国近代培养工业技术人才的摇篮。这所学府不仅专业特色鲜明，而且建筑风格也颇具俄罗斯特色。一进校门，一排排整齐而气派的教学楼和宿舍楼映入刘竹生的眼帘。宽敞的运动场上，生气勃勃的学生在跑道上飞奔。绿荫下，有的大学生席地而坐，静静地阅读书籍，有的一边走，一边高声朗读着……

顺着标示牌的指向，刘竹生找到了自己将要居住的宿舍。推开宿舍房门，他看到有两名同学正在聊天。见有人来，两人都起身，热情地走过来和他打招呼，其中一名同学接过刘竹生背的行李放到地上，并主动和他握手：“我叫赵连忠，家住黑河。”刘竹生感受到他的热情和友善，也笑着说：“我们两家离得不远，我叫刘竹生，家就在哈尔滨。”赵连忠指着上边一个床铺说：“我在上铺，特意给你留了下铺，做事会方便些。”刘竹生心里感觉暖暖的，连声道谢。后来得知，赵连忠是他们班的班长。这个班长有风度，不错！初次见面，刘竹生对班长赵连忠颇有好感。

安顿好食宿，大学的课程随即开始。

刘竹生考取的是化学工程系无机物工学专业。填报志愿的时候，刘竹生对这个专业并不熟悉。学了一年专业课后，学校院系进行调整，化工系解散。一些想继续学化学的学生，转到大连工学院继续学习原专业；而另外一些数理成绩突出的学生，则被分配到数理系工程力学专业学习，学校计划让这些学生毕业后留校当教师，其中就包括刘竹生。

无论专业是否有变化，刘竹生都认真听讲，努力学习，见识到不少名师的风采。作为一所著名的学府，哈工大有不少知名学者、教授，很多是国外留学归来的。其中，留学苏联的学者很多，他们大多责任心比较强。刘竹生最佩服的一位教师是教理论力学课的王铎老师，他的板书特别整齐，条理特别清晰，画图简洁、准确，多余的字一个也没有。最神奇的是，王老师对于下课的时间把握得特别准，每当他说“就讲到这里，下课”，过不了几秒，下课铃声就会准时响起。刘竹生暗自钦佩不已。

刘竹生珍惜在大学里的每一天，他不仅认真学习专业知识，而且养成了早起晚睡苦读书的习惯。

苦读书的习惯源于生活的窘迫。刘竹生一家八口人，只靠父亲一个人挣工资，一个月七八十元的工资本来也算不少，但平均到每人头上则不足 10 元。为了能省点钱，刘竹生拼命读书，在大学里拿到了最高等级的助学金，这样每个月会有 13 元的奖励，勉强能凑齐一个月的伙食费，基本上不用家里再贴钱；但除去吃饭，没有多余的钱来购置书本了。

苦读书的习惯，解决了生活窘迫带来的读书难的问题。大学期间，刘竹生几乎每天都待在教室和图书馆。尤其是图书馆，对于刘竹生来说简直就是一个宝库。在这个图书林立、窗明几净的地方，刘竹生能找到很多他想学的书籍，能获得很多知识，比如相对论、数理统计以及偏重数学等知识领域的书籍，还有其他与专业无关的书籍，比如电影文学和小说等。刘竹生把图书馆里的小说分门别类地按国家、作者记录下来，给自己订立了一整套阅读计划，这段时间，先集中看苏联小说；过一段时间，再集中看法国小说；再过一段时间……通过这种有计划、分步骤的阅读，刘竹生饱读诗书。在大量专业书籍之外，《静静的顿河》《安娜·卡列尼娜》《复活》《战争与和平》《童年》《钢铁是怎样炼成的》《悲惨世界》《红与黑》《高老头》《欧也妮·葛朗台》等名著，刘竹生全都阅览了。时常，他被小说中曲折离奇的故事情节所吸引，与书中的男女主角同悲同喜。书籍，为这位年轻的学子打开了一扇窗户，让他看到了一个五彩斑斓的世界，那里有取之不尽、用之不竭的知识宝藏……

哈工大图书馆

清晨，宿舍几个人中，刘竹生总是第一个起床，洗漱完毕，简单用过早餐后，直接奔赴图书馆。夜晚，刘竹生总是最后一个回到宿舍。凭着一股韧劲儿，刘竹生博览群书。古人云，腹有诗书气自华。渐渐地，刘竹生的眼界拓宽了，境界提升了，知识分子的气质也渐渐形成了。

3. 初识火箭

1962 年，大学五年级，刘竹生所在的专业再次被调整——根据国家需要，哈工大对学校院系和专业设置又一次进行了调整，新成立了“工程力学系飞行器结构力学及强度计算专业”，刘竹生成为学习该专业的首批大学生之一。

此次哈工大专业的调整，与当时国防事业的发展息息相关。

第二次世界大战后的国际形势处于冷战之中，苏联、美国两个超级大国开展了你追我赶的军备竞赛。两国均已成功发射了人造地球卫星，1961 年 4 月 12 日，苏联把世界上第一位航天员加加林送入地球轨道并安全返回地面。新成立不久的共和国也开始了导弹研制工作。1960 年 11 月 5 日，中国仿制的第一枚导弹“1059”发射成功，开启了导弹研制工作的新篇章。

但是，导弹、火箭专业人才极其匮乏。当时，国防部第五研究院（简称国防部五院）这个庞大的专业机构中，只有为数不多的几个人见到过真实的导弹。我国第一枚导弹，是在党中央、国务院、中央军委的直接关怀下、在钱学森等的领导下，在苏联专家的帮助下，集中了天南海北的科技精英，通过自学、苦干，摸索着仿制成功的。随着导弹研制工作从仿制走向独立研制，人才问题再次提上日程，成为制约导弹、火箭事业发展的最大瓶颈。于是，国家做出决策，在一些高校设立对口专业，培养符合要求的大学生。于是，哈工大及时调整专业，为中国国防建设培养专业人才。

得知这些情况之后，刘竹生恍然大悟，原来如此！

在刘竹生看来，学习哪个专业都有好处。不同的专业，不同的领域，不同的特征，刘竹生从中可以获得不同的理论知识和专业技能。化学专业课，培养了刘竹生定量分析和定性分析的能力。化学实验课程，增强了他实验策划和动手实践的能力。从力学专业课中，他获得了结构材料、强度和力学分析等知识。专业调整的经历，不仅没有让年轻的刘竹生沮丧，反而提升了他的专业技能和素养——任何经历都是一笔财富，尤其对于知识而言，当然是不一而足、多多益善喽！

现在，既然转入新的专业，那就依然如故地全力以赴吧！刘竹生再次开始苦读，先后学习了《导弹总体》《导弹飞行力学》《导弹强度计算》《发动机和弹道》等课程，接触到导弹、火箭等国防尖端武器知识。随着专业知识的逐渐丰富，刘竹生逐步接触到一个全新的领域，一片崭新的天地。

刘竹生了解到，看似复杂的火箭，其原理其实并不复杂。牛顿早在17世纪就提出：相互作用的两个物体之间的作用力和反作用力总是大小相等，方向相反，作用在同一条直线上。比如，你以一定速度向后抛一定质量的物体，你就会受到一个向前的反作用力的推动。火箭靠发动机推进，发动机点火后，燃料和氧化剂在燃烧室里燃烧，产生大量高压气体，高压气体从发动机喷管高速喷出，对火箭产生反作用力，使火箭沿气体喷射的反方向前进。

如果你吹大一个气球，然后松开口放开它，它就会满屋子乱飞，直到里面的空气跑光为止。这就好比气球是你制造的“火箭”，只不过气球喷射出的是空气。与许多人的想法不同，空气其实是有质量的。如果你让空气从气球的喷口中喷出来，气球就会向相反的方向运动。火箭飞行的原理也是一样，原理相同的还有节日庆典时放的烟花。

刘竹生了解到，早在 19 世纪，俄国科学家康斯坦丁·齐奥尔科夫斯基曾经说过：“地球是人类的摇篮，但是人不能永远生活在摇篮里。”他首次提出了火箭冲出大气层所需的最小速度，他还提出火箭飞行的基本条件，并给出了火箭运动的两个公式——齐奥尔科夫斯基公式。

课堂上，老师介绍了第二次世界大战期间德国使用的是 V-2 导弹（又称为“复仇使者”导弹）。1944 年 9 月 8 日，第一枚 V-2 导弹呼啸着从伦敦市区上空掠过，不到半年时间内，德国发射了 2000 多枚 V-2 导弹，伴随大规模的轰炸，恐怖一时笼罩了伦敦。导弹的威力给人们留下了深刻的印象。虽然 V-2 导弹存在很多缺陷，命中率很低，但其威力比起当时最强的火炮来说，不知要大多少倍，代表了当时尖端武器的最高水准。

刘竹生所学的专业具有高科技性，而高科技性与机密性是相互关联的。这一点，也体现在专业教材上。有一门课程名为《导弹总体》，教材属于机密级，翻开浅蓝色的封皮，书中全是铅印的字迹。上课时，每个同学领一本教材，在课堂上学习，而下课的时候，则需要把教材收回去，下次上课时再领用。即使这样，这门课程，刘竹生也学得津津有味。

1959 年至 1961 年，中国进入三年困难时期，同时，苏联不仅停止对中国的支援，撤走专家，而且要求中国尽快偿还武器援助费用。中国经济陷入极端艰难困苦的境地。

在哈工大，粮食开始限量供应，煤炭等能源也供应不足。冬天，整个大学校园里只有图书馆有暖气，教室和宿舍都冷飕飕的。

专业课程中，还有一门刘竹生曾经学过的力学，当然角度不一样，专业深浅程度也不尽相同。对于这门课程，刘竹生依然认真听讲。讲课的老师名叫黄文虎，是一位特别认真细致的长者。哈尔滨的冬天非常冷，教室里又没有暖气，大部分同学都穿着棉大衣听课。而为了讲课方便，黄老师脱掉棉大衣，只穿着便装侃侃而谈，手上也没有戴手套，赤手书写板书。一堂课下来，黄老师就一直站在讲台上，孜孜不倦地授课、讲解。

刘竹生后来了解到，这位黄老师是位南方人，"文化大革命"时期，被当作特务抓进了监狱。两三年以后，等到和他姓名相同的、真正的特务被抓获归案之后，他才洗清冤屈。原来是个误会！出狱后的黄老师重新回到哈工大教书。这段蒙受不白之冤的经历，并没有影响到黄老师的工作态度和教学质量，回到教学岗位的他，仍然保持一贯认真、严谨的态度，勤勉授课，诲人不倦。黄老师在学术上做出了突出的成绩，成为全国知名的学者，1995年，他当选为中国工程院院士。

从黄老师的身上，刘竹生看到了一个知识分子的文人风骨。且不说在遭遇无妄之灾后的风轻云淡，

黄文虎

且不说教书育人的崇高伟大，单单是冬天里黄老师赤手板书、便装讲课一事，就让刘竹生感慨不已——这种认真，这般敬业，真了不起！只要认真和坚持，早晚会做出成绩的。

多少年后，刘竹生仍然记得，在东北寒冷的教室里，在三尺讲台之上，一位长者轻轻脱下棉衣，在严寒中身着单薄的便装认真讲课，用冰冷的手，认认真真地书写着公式，神态安然，似乎严寒与他没有关系；讲台下，一个个身穿厚厚棉衣的年轻学生在认真听讲，时不时地记着笔记，眼睛里闪烁的是对知识的热望……

4. 好友同窗

睡在我上铺的兄弟，

……

分给我烟抽的兄弟，

分给我快乐的往昔，

……

有人说，大学同窗是一种缘分，同寝室而住更是缘分深厚，最亲密的莫过于上下铺的情谊。入学第一天，刘竹生上铺的兄弟——班长赵连忠就给他留下了深刻的印象。

初次见面，赵连忠的热情与周到，让刘竹生感到格外亲切。随着之后的一起学习，他和赵连忠之间更是情谊深厚。他发现，赵连忠比较擅长处理人际关系，无论是校领导、老师还是同学，和他相处得都很融洽，他办起事来考虑得特别周全。见贤思齐，在这一点上，刘竹生自愧不如，感觉应该向他学习。

大一时，赵连忠与刘竹生同桌，两人切磋学业，谈论时事，探索人生，无所不谈。大二时，赵连忠交了一个女朋友，刘竹生为他感到高兴。

快要期末考试了，别的同学都在紧张地复习功课，一向开朗大方的赵连忠却突然茶饭不思，整日唉声叹气。刘竹生很奇怪："老赵，你没事吧，哪儿不舒服，赶紧去找大夫。"赵连忠有气无力地答道："女朋友家不同意我们交往，嫌我父亲是卖马人与买马人之间的掮客。"所谓掮客，就是卖方与买方之间的中介，当时被人们称为奸商，被人瞧不起。见此情景，刘竹生开导他说："你父亲是你父亲，你是你，你人缘这么好，既是班长又是党员，学习也好，这么多优点，女孩看重的应该是你本人。"赵连忠不好意思地挠挠头："瞧你说的，我哪有那么好。"继而他认真地说："你说的也有道理，人家是个好女孩，她看重的恰恰是我的优点才和我交往，就怕她抵挡不过父母的反对。她家里条件很好，她是个孝顺的孩子，就怕……"你一言，我一语，两人聊得热火朝天，不知不觉间，时间飞逝。

很快，期末考试的时间到了，刘竹生的心里有点慌，大把大把的时间用在安慰好友上面了，没有以往那么专心的复习，这成绩会不会受影响呢？果然，不出意料，刘竹生和赵连忠都考得不够理想。

刘竹生有些不高兴了，不无抱怨地对赵连忠说："以后你和你女朋友的事，别老跟我说了。"赵连忠一听，愣了一下，继而明白是因为考前聊天太多耽误复习导致的成绩不理想，连忙说："都怨我，耽误你复习了，以后我不跟你说了。"

其实，刘竹生冲动的话一出口，也有些后悔，一个巴掌拍不响，自己才是责任主体，是自己没计划好，如果自己有克制力，也不会这样。于是，他放下心中的怨念，平和地对赵连忠说："也别太放在心上，也怨我自己平时没抓紧，以后有啥事，还是说出来吧，总能帮你出出主意，捋捋思路。"

两人相视一笑泯恩仇。

五年相处，刘竹生和自己上铺的兄弟一直是最铁的哥们儿。虽然时不时也有小小的矛盾，但两人都会把握好自己，一个尽量把事情说清楚，讲明自己的立场与初衷，而另一个则尽量理解对方，站在对方的角度体谅一下，这样，矛盾总能在最短的时间内得到有效的解决，和好如初。

好友相处，真诚为上，大度包容，相互体谅。刘竹生感到，有时候针尖对麦芒地去处理矛盾并不是最佳的解决途径，退一步反而是明智之举，静下心来想想自己哪里做得不好，就真能达到退一步海阔天空的境界。

大学第五年，也是在哈工大学习的最后一年，全班同学去哈尔滨飞机制造厂实习。在这里，同学们看到了真正的战斗机，感到特别新鲜。过去在书本上学习了许多有关飞机的理论知识，但从来没有看到过实物。这里有整机，也有半成品。同学们一边看实物，一边听工程师讲解，从飞机结构、飞行原理、材料、零件，再到设计过程和生产管理等，讲得非常详尽，同学们都做了大量的笔记。刘竹生觉得，通过参观实习，开阔了眼界，增加了感性知识与实践能力，其效果是课堂上无法比拟的。

中间休息的时候，大部分同学把笔记本随手一放就出去了，等回来时发现笔记本不见了。正当同学们四处寻找时，带队老师捧着一摞笔记本走了过来——原来是老师给拿走了。老师对这些乱扔笔记本的同学挨个点名批评，批评这些同学保密意识薄弱——要知道，今天记录的很多数据都是保密的，怎么能放松安全这根弦儿呢？

这一次，一向学习不错的刘竹生也被点了名，他有点想不开。赵连忠知道后笑了："实习之前，老师不是说过那个单位是保密单位吗，我们记的笔记当然也应该保密了。再说，我们以后注定要分配到与国防工业有关的单位，肯定还是保密单位。现在被点名没什么，老师这样做，对咱们今后是有好处的。"

兼听则明，偏信则暗。听了赵连忠的话，刘竹生点了点头。是啊，保密这根弦儿是什么时候都不能松的啊，这可是大事！

吃一堑，长一智。工作以后，刘竹生看到有些人由于保密意识薄弱，不小心泄漏了国家机密，比如在给家里的书信中提到自己工作的具体内容，在公共场所说话时讲了机密的内容，给国家带来了损失、自己又遭受处分的事例，便备觉遗憾。可惜，怎么就少了保密这根弦儿呢！而刘竹生一直牢记实习期间被点名的“光荣事迹”，保密观念强，从未在这方面出现意外。

五个春夏秋冬，五个寒来暑往。大学五年，刘竹生成果丰厚——收获了丰富的专业知识，收获了珍贵的同学情谊，明白了不少宝贵的做人道理。

哈工大，成长的地方！毕业之际，刘竹生依依惜别，深深眷恋：再见，哈工大，你永远留在我的记忆里！

1963年，刘竹生（四排左一）与哈工大同学合影

刘竹生

刘竹生院士传记

Academician Liu Zhusheng's Biography

第四章

初入航天

我大学毕业后，被分配到国防部五院一分院从事导弹相关工作。在工作中，逐渐热爱上了航天事业，热爱我所从事的这份神圣的职业。

——刘竹生

1. 军旅生涯

大学毕业后，经过严格的审查，刘竹生被分配到国防部第五研究院（简称“国防部五院”）一分院工作，工作地点是北京南苑。刘竹生知道，能去北京工作，并不是那么简单的事情。要知道，哈尔滨工业大学 63 届工程力学系飞行器结构力学及强度计算专业共有两个班，毕业生总共有 60 多人，可只有三个人被该单位选中——不仅要求学习成绩优秀、政治表现良好，同时，出身和社会关系等，样样都要符合要求，否则，只能与这个尖端国防单位擦肩而过。

在被国防部五院一分院选中的三个人中，还有住在刘竹生上铺的好友赵连忠。怀着期盼的心情，两人一同坐上开往北京的列车。一路期盼，一路新奇，一路畅想，一路激动……

走出北京站，刘竹生拿着地址向路上的行人询问：“请问，南苑……镇东高地怎么走？”连问好几个人，回答都是：“不知道。”后来，有一个人拿过他手上的地址看了看，乐了：“这不是南苑镇……东高地吗？”原来，他们把地名断句断错了，东高地是个地名，他们却说成了“镇东高地”。难怪别人都不知道呢！两个人不好意思地笑了……

东高地位于北京市丰台区南苑镇，与紧邻的西洼地相比，地势较高，故称东高地。古时它扮演着北京南大门的角色，不仅供帝王游玩、打猎，还驻军防守北京城。这个距天安门 12 公里的京畿重镇，在各个时期担任不同职责。

这里曾是珍禽异兽的繁衍之所，麋鹿雉兔，物种丰富。

这里曾是古代帝王的御用猎场，野兽出没，丛林密布。

这里曾是皇帝理政的重要场所，宫殿耸立，行宫处处。

这里曾是传承皇家风格的林园，花红柳绿，山青月白。

1957 年 11 月 16 日，国防部五院一分院成立，办公地点最初设在车道沟的 466 医院，后很快从 466 医院搬迁至长辛店马列学院二分院，但这片土地不能满足一分院科研生产和生活的需要。1958 年 7 月，一分院又从长辛店搬迁到了东高地。经过数年建设，这里逐渐成为国防工业重地，成为一代代航天人工作于斯、奋斗于斯的火箭研制基地。在这里，航天人独居一处，远离了繁华闹市，淡去了功名利禄，在这里专注、专心，挥洒汗水、奉献青春，制造了一个个奇迹，创造了一次次成功！

1963 年 9 月 1 日，刘竹生走进了这个神秘的院落，见识到的是一个工程即将完成的场景。他看到，一栋栋新建的大楼笔直树立，身穿绿色军装的人进进出出，忙碌不停；远处有几栋大楼正在建设或收尾中，机器轰鸣，人声鼎沸……

来到相互比邻的一群高楼中的一座，刘竹生到强度环境研究所报到。在指导员的带领下，他到研究所的各个办公室转了一圈，和大家认识一下。随后，刘竹生开始投入到紧张的军训之中。

这是每个新员工入院的“规定动作”——了解章程，熟悉要求，掌握规则，锻炼意志，每个新人都要进行集中训练。刘竹生被编入国防部五院一分院集训队一排四班。集训内容包括列队出操、保密教育、革命传统报告、去天津宝坻农场劳动等活动。

入伍时的刘竹生

在一系列活动中，刘竹生记忆最深刻的是晚点名——每天睡觉前，大家列队而站，点名报数，然后，面对绿油油的广阔田野，大家引吭高歌一曲，而后，指导员用他那特有的山东口音大声叮嘱说："天凉，盖好被子。"大家便解散回宿舍休息……

接近三个月的军训结束以后，回到单位的刘竹生领到了一身绿军装。1963年11月23日，刘竹生被正式批准参军。每天伴着"嘟嘟"的号角声起床，晚上伴着军号声熄灯入眠；吃饭统一排队去食堂。初来乍到的刘竹生，刚开始吃饭时不紧不慢、四平八稳，出乎意料的是，没等饭吃完，集合的号声骤然响起，于是，不管是否吃完饭，刘竹生只能放下碗筷，匆匆列队返回单位工作。经过一次这种事情，刘竹生就总结经验，在下一次开饭的时候注意抓紧时间，很快便跟上了吃饭的节奏。令行禁止，张弛有度，熟悉了军旅生活特点的刘竹生，很快便融入其中。

实习期间，刘竹生在车间工作。宽敞的车间，整齐的设备，朴实的工人师傅，扎实的工作作风，使他受益匪浅。车间里的工人师傅看到新来了一个大个子大学生，就称刘竹生“大个儿”。车间分为两个组：实验组和安装组。刘竹生被分到安装组，这个组主要负责为大型试验做准备，也叫“搭架子”，就是把实验设备组装起来，看似容易，实际上有很多技巧在里面。

比如，有个活儿是编钢丝绳。钢丝绳并不像棉线绳那样柔软，要先将坚硬的钢丝绳弯一个扣，再将钢丝绳的一头连接起来，然后拉紧，形成一个小圈，要求越拉越紧，不能松开。这件事好做，但做好绝非易事。通过实习，刘竹生熟悉了当时的实验设备和机械加工工序，对本行业有了比较全面的了解。在后来的工作中，刘竹生做试验，搞测量，手到擒来，熟练顺手，让一些同事羡煞不已。

1964 年，“四清”运动普遍开展。为加强各个厂所的政治学习，8 月，院里派来了工作组，让每位职工轮流发言，表明政治观点。听了许许多多的官话、套话，刘竹生有些不大适应。轮到他发言时，他简洁地说：“我没什么可发言的。”

工作组的领导先是一愣，看了一眼这个傻大个儿，随后耐心地启发他说：“你好好想想，你是怎么来到这样一个神圣的单位的？”

刘竹生老实回答：“我是坐火车来的。”引得周围同事哄堂大笑……

随着这句坦诚的话语，刘竹生朴实的印象留在了每个人的脑海里。

1965 年 6 月 1 日，单位在大会上正式宣布中央的决定：国防部五院全体官兵集体转业。从这一天起，单位名称由国防部五院一分院改名为第七机械工业部第一研究院（简称“七机部一院”），取消了中国人民解放军总字 742 部队的番号。

此时的刘竹生已经是中尉正排，他的转业定级证明上写道：“刘竹生同志于 1965 年 5 月 15 日经批准，由正排级定为国家行政 22 级，并于 1965 年 5 月 31 日集体转业，已发转业费两个月共计 120 元。”

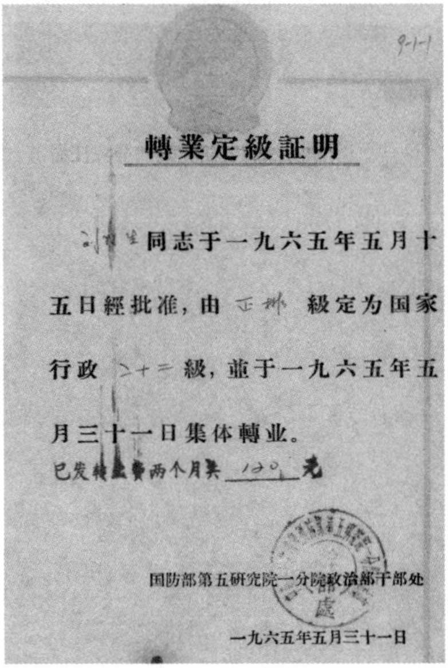
9-1-1

轉業定級証明

[illegible]同志于一九六五年五月十五日經批准，由正排級定为国家行政二十二級，並于一九六五年五月三十一日集体轉业。

已发[illegible]费两个月共 120 元

国防部第五研究院一分院政治部干部处

一九六五年五月三十一日

转业定级证明

脱去军装之后，身边的同事悲喜不一，有人欢喜有人忧。有的人满脸沮丧，内心失落，荣誉感随着军装的脱去而锐减；有的人却感觉舒适和自由了很多。在刘竹生的心里，无所谓悲喜——无论自己是什么身份，都一样为国家做贡献，都能好好干好工作，这就足矣！

2. 崭露头角

俗话说，外行看热闹，内行看门道。外行人观看火箭发射，通常看到的只是火箭的高大威武、一飞冲天，而在内行人的眼中，火箭的性能指标，线路的连接，飞行角度的控制等，才是最应该关注的。从车间回到强度研究室后，刘竹生开始从事火箭强度研究。他感觉到知识是互相关联的，知识面广一些，兴趣多一些，有利于开阔思路，对工作有益处，于是开始进一步的学习与研究。与车间嘈杂的环境不同，研究室比较安静，在这种氛围中，刘竹生和同事们看图纸、搞研究，用较低的声音交换意见，保持着工作环境的肃静。

刘竹生大量阅读国内外相关资料，学习火箭强度相关知识，参与课题研究，遇到不懂的问题时，会像勇于攻克堡垒的士兵一样，竭尽全力找出答案。遇到有些问题实在搞不懂，刘竹生就去请教有经验的同志，无论如何，直到问题彻底弄懂为止。几个月下来，刘竹生逐渐熟悉了火箭强度与振动试验的原理和过程。

火箭在高空中受到来自各种力的作用，从而引起振动。振动对火箭的影响是巨大的，如果火箭经受不住，就会发生飞行事故。发射前进行的地面振动试验，就是为了测量和考核火箭的强度，避免火箭在实际飞行中发生意外。

学海无涯，唯苦作舟。刘竹生孜孜不倦地学习着，不断获取宝贵的知识与技能。

1965 年，我国制定《1965 年到 1972 年的战略导弹长远发展规划》，即“八年四弹”规划：在八年时间里研制四种导弹，包括中近程导弹、中程导弹、中远程导弹和洲际导弹。在“四弹”中，洲际导弹的技术要求最高，研制难度最大。

为了实现“八年四弹”的目标，一院的任务量大幅度增加，一院总体部的科技人员明显不足，上级决定从其他部所抽调一些理论专业知识比较丰富、技术水平比较高的技术人员到一院总体部工作。其中就包括知识背景十分符合条件的刘竹生。1965 年 5 月，刘竹生从七机部一院的强度环境研究所调到第一总体设计部工作，在总体室的总装和地面设备组从事设计工作。

岗位的不同，带来了工作重点的不同。从事火箭总体设计研究，需要对火箭总体和分系统结构，以及火箭相关的专业知识都有所了解。总体部要求，每位新来的员工都要首先由老员工帮带着搞课题和研究，这种方式叫“以老带新”。于是，刘竹生便又当了一次“新人”。

“新人”刘竹生被安排到东风五号战略导弹的研制课题组里。刘竹生知道，东风系列导弹是我国自行研制成功的，当时，在经过“东风一号”的仿制之后，中国人自行研制的“东风二号”“东风三号”迅速诞生，“东风四号”也得以问世，而“东风五号”则超越以往的技术，要将导弹研制推向一个崭新的高度。导弹的直径从以往型号的 2.25 米增加到 3.35 米，射程比前一个型号提高了一倍多，推力也成倍地增加。东风五号导弹采用了很多新技术，研制难度很大，几乎各个分系统都上了新技术。

东风五号战略导弹不仅需要有较强的攻击力，还需要有较强的生存能力。为了在导弹发射之前不被敌方发现，增强它的隐蔽性，导弹在发射前不能放在地面上，需要放在地下井里，将它隐蔽起来，一旦战争需要，导弹就从井下射出，起到出其不意攻击敌方的打击效果。

而从井下发射导弹，技术难度很大，对地下井的要求很高，要解决井下排焰、防噪声、防腐、防震、防漂移等许多技术问题。导弹一旦飞起来，有很多不确定的因素。比如看似圆柱形的导弹，实际并不是一个完全对称的结构，其质心不在正中央，是偏斜的。导弹的四台发动机，其推力存在微量的偏差，火箭飞起来会发生偏移，不可能按理论设计垂直向上飞行，火箭飞行偏离中心点的距离便是漂移长度。

如果导弹从地面发射，发射塔架可以离它远一些，火箭就不会撞到塔架。但从地下井发射，情况就不一样了，发射井不能挖得太大。发射井应该挖多大，直径应该多少，不仅要考虑漂移的因素，还与井下排焰有关。发射火箭时，在排焰的同时还会往井里抽空气，如果井口太细，空气便抽不进来，而没有空气，火焰就排不出去，火箭就会被烧坏。所以，考虑漂移和排焰的因素，地下井的直径要足够大。但井口也不能太大，如果太大，一方面会造成目标增大，降低武器的隐蔽性，另一方面则容易被敌方所攻击。所以，井的直径又必须尽量地小，以增加防御能力。

刘竹生和小组成员专门研究火箭地下井的设计，以及火箭发射时的防噪、排焰等问题。无论从内心深处，还是工作需要，刘竹生对所从事的研究都十分专注。童年时期，他亲眼目睹了日寇的无理与蛮横，亲身经历了抗日战争结束时举国的欢庆，家国的概念，在刘竹生心中格外重要。而当时的国际环境，美、苏两个超级大国的军备竞赛，重点也都放在航天技术上，竞相占领国际科技水平的制高点，争先恐后地发射卫星、运送航天员上太空。我们的国家，岂能落后？

虽然人微言轻，但为国效力，岂能不倾尽全力？

刘竹生全身心地投入到课题研究中。除了虚心向有经验的老同志学习外，他的业余时间几乎全部钻到了“导弹”里，找来大量与导弹有关的资料和书籍进行研读。

在挖地下井之前，刘竹生所在的课题组必须提出地下井的性能指标和尺寸要求，地下井直径的具体要求、排焰道直径应该多大、排焰道的形状和高度等。这些指标数字看似简单，实际考虑的因素却很多。提供的数据是否合适，关乎发射的成败。而发射的成败，小则关系到个人和单位的荣誉，大则影响到国家的国防建设和战略地位。为了不对导弹造成损坏，从地下井排出的火焰不能顺着井壁排出，而要求从井两侧的通道排出来。为了解决排焰和排烟的问题，刘竹生和课题组成员一起，一张一张地画图纸，一次一次地做试验。不知不觉中，图纸的数量数以千计，试验的次数高达数百次……

善动脑，点子多，是同事们公认的刘竹生的工作特点。而钻研越深入，对火箭了解得越彻底，刘竹生对火箭的兴趣也就越浓厚。像高中时对数理化的兴趣一样，刘竹生说，他慢慢便整出些门道来。所谓门道就是融会贯通，是在雄厚的专业知识的基础上摸索出来的规律，是厚积而薄发。一个人在某个领域里一旦整出门道来，让他停下来都难。他会主动地去探索，去钻研，越搞越深入。古今中外，凡是成绩卓著的科学家，无不对所从事的领域兴趣浓厚，了如指掌。

发射火箭时，发动机开始工作，噪声很大。噪声会引起高频振动，一般的金属结构，在剧烈的振动时会出现裂纹，降低火箭强度。为了减少噪声，课题组把井壁结构设计成两种类型，一种是汉堡包式结构，在两层不锈钢板中间支撑起来，再在钢板上打很多小孔，孔径有大有小，这样才能起到吸噪的作用。这个方案用于建造试验井，可重复使用。他们还设计了一种井，井壁用玻璃棉砖堆砌，既吸噪，成本又低，但这种井只能使用一次，供实战时使用。

设计离不开画图。刘竹生把绘画功夫，用到火箭研究与设计上。新思路往往一开始孕育在一张草图中，在和同志们展开讨论或向领导汇报方案时，刘竹生喜欢拿出自己画的草图或制作的简易模型，阐明观点，把心里的想法说清楚、讲明白，让人听得进、记得住、用得上。这在科研上十分重要。

导弹构件，在设计阶段经常要做模装。所谓模装，就是做模型装置。刘竹生用纸壳子或木头做出模型。他擅长做手工，做出的模型，不仅精确，而且美观。刘竹生在工作中肯于吃苦，表现出色，又善于解决难题，几年后被提拔为工程组副组长。

不久，上级领导下达了有关东风五号做地下井全弹试飞的命令。所谓全弹试飞，就是按照实战要求进行演习。得知终于要进行全弹试飞了，刘竹生像上了发条的钟表一样，不分白天黑夜地加紧工作。导弹研制工作进入最后阶段，像是 3000 米赛跑时的最后 100 米，试飞之前需要从理论上对井下环境进行隐患排查。

一次，刘竹生从国外资料上意外地看到，导弹做试飞试验之前，通常要做一次系留试验，以检测导弹和地下井的各项功能。这个试验比较重要，是不能省略的。而正是这样重要的一个试验，却一直没有做过。看到这些资料与数据，刘竹生坐立不安！

其实，作为一名普通的设计员，对上级的命令只有执行的义务，对于试验的成功与否，其更大的责任在于上级领导。但这一次，刘竹生实在坐不住了，不是责任大小的问题，而是工作该怎么干的问题。越琢磨，他越觉得系留试验这件事非同小可！通过反复地研究国外资料，反复地与国内的导弹进行比对，反复地进行演算和推理，刘竹生得出了同一个结论：系留试验非做不可！

怎么办？说，还是不说？一时之间，刘竹生有点踌躇不前。

如果向领导提出做系留试验的建议，一种可能是领导根本不予理睬。另一种可能是意见被领导采纳，做了系留试验，试验过程中地下井没有出现任何问题，说明这个试验是多此一举。除了这两种可能，还有另外一种可能，就是意见被领导采纳了，做了系留试验，试验过程中地下井出现了问题，我们因此发现问题，并得以解决，使后来的全弹试飞圆满成功。

意见不被采纳，就当自己多此一举，倒也不伤大雅；意见被采纳但没有出现问题，有可能会引火烧身，对自己个人前途极为不利……

思虑再三，刘竹生决定，认真向上级提出建议，不论结果如何。

苟利国家生死以，岂因祸福避趋之！

下定决心后，刘竹生立刻向单位领导作了汇报。几天后，收到答复：为节省开支，上级决定不做系留试验。

刘竹生有点傻眼了，在这种情况下，该不该坚持自己的观点呢？思来想去，他找好友赵连忠商量。赵连忠给他提了个建议："我觉得系留试验应该做，我建议你写份详细的论证报告，直接交给主抓这项任务的院领导。"

刘竹生迅速提笔，连夜撰写出一份关于做系留试验重要性的论证报告，呈交给一院副院长、东风五号导弹技术负责人屠守锷。报告中写道：过去做过的小模型试验存在某些缺陷，导弹以及地下井设施不能在试验中得到充分的考验，导弹从地下井发射的适应性，考虑得不够细致。报告给出了国外通常的惯例和做法，并在结尾给出了结论：如果在这种情况下草率进行全弹试飞，风险很大，建议进行系留试验。观点明确，论据充分，刘竹生撰写的这份报告，引起了屠守锷的高度重视。

仔细研读后，屠守锷围绕这个主题，组织大家召开了一次技术民主会——这是七机部历史上传承下来的惯例。在技术民主会上，无论一线设计员，还是型号总技术负责人，大家一律平等，都可以畅所欲言，谈想法和意见，不管对错，不论深浅，最后由领导和总技术负责人根据大伙儿的意见进行归纳总结，作出决定。这种机制在当时的型号研制中发挥了重要作用，为型号队伍树立起良好的技术民主风气，基层员工的意见被重视，被采纳，得到了认可，会更加积极地思考，形成良性循环。

毫无例外，此次参加技术民主会的人员既有院领导，也有基层干部和一线设计人员。屠守锷将“在进行全弹试飞之前是否应该做系留试验”的问题抛出来，请大家发表自己的见解。于是，大家七嘴八舌地开始讨论，意见明显分成两派。以刘竹生为首的一派坚决主张做系留试验，他们认为型号研制是严谨科学的，该花的钱一定要花，否则，带着疑问上天，一旦失利，那么后续就将花费更多的钱，还要承受发射失败等巨大代价。而另一派则认为，做系留试验没有必要，设计部门已经充分考虑了各种风险，当前国家经济如此困难，能省则省，不能这么浪费资源；更何况，既然上级已经做出决定，就没有必要多此一举。

见解不同，主张不同，一时之间，有点僵持不下。主持会议的屠守锷看到会议陷入僵局，决定暂时休会，择日再续。没过多久，还是在屠守锷的主持下，第二次讨论会召开。这一次会上，讨论得更加激烈。

初生牛犊不怕虎。年轻的刘竹生将自己找到的更多论据和盘托出：系留试验的重要性、国外类似的情况，数据显示、试验证明……

刘竹生的发言并不激昂，但语言清晰，逻辑完整。听完他的发言，一直静静聆听的屠守锷从座椅上缓缓站起，踱步走到他的身后，拍了拍这个高个子年轻人消瘦的肩膀，说了一个字：“做。”

望着屠守锷远去的背影，一时之间，刘竹生的心里悲欣交集，感慨万千。肯于倾听基层设计人员的意见，能够采纳年轻人大胆的谏言，屠院长，够气魄！

而在屠守锷的眼中，这个大个子年轻人有思路、有胆识，思维严密，逻辑严整，在年轻人当中，显然并不多见啊！

很快，院领导将做“系留试验”的请示报告交给上级领导批示。上级领导对基层的意见表示认同，并同意在全弹试飞之前进行一次导弹系留试验。

系留试验，实际上就是一个只点火不起飞的试验。将一枚不带战斗部的导弹固定在发射井里，然后点火，测量地下井环境对导弹的影响。通过这个试验，可以检验导弹的各项性能指标，如火焰排放

2010年1月25日，刘竹生（右）与屠守锷（左）在院士专家新春茶话会上亲切交谈

是否通畅，检查点火时的压力脉冲大小、点火后的噪声波强弱，以及火箭结构能否经受住考验，地下井装置是否合格，等等。火焰喷薄而出时会形成巨大的噪声和气流，对导弹和地下井的刚性和韧性都是考验。实际上，系留试验就是利用一个不飞的试验，测试实际飞行中可能出现的各种状况。

虽然系留试验持续时间也就一分多钟，但是，准备工作却非常复杂，要像真正发射一样加注推进剂，实施点火。火焰持续以同等强度从井内排出来，井壁厚度尺寸够不够，防噪采取的措施行不行，导弹在井内的漂移间隙够不够，所有这些指标都必须精确地计算出来，失之毫厘，谬以千里。

系留试验如期而至。

“点火”，一声令下，两股橘黄色的烟雾从井的两侧喷薄而出，“东风五号”导弹稳稳地固定在发射井里。一分多钟以后，试验结束了，烟雾在空中弥漫。短短一分钟的试验，却是试验队员连续半年多不分昼夜努力的结果。试验结束后，刘竹生到井下查看点火后井和弹的状态，问题明显呈现出来。好几个舱口盖在强大气流的冲击下被吹开了。千万不能小觑这件事，如果在全弹试飞中出现这种情况的话，会造成重大的发射事故。舱口盖一旦打开，火箭受力会受到影响，导弹飞行会失去方向。如果事故发生，不仅会给国家造成巨大的经济损失，而且还会影响我国国防事业的发展进程。

系留试验做完以后，根据试验数据，一院对“东风五号”的结构设计进行了修改，对舱口盖的工艺做了重大改进。改进工艺以后，舱口盖被锁得紧紧的，再也不会被气流吹开了。“东风五号”最终的地下井发射试验取得了成功。此项技术在以后的火箭型号上得到普遍应用。

这项由刘竹生坚持主张做的系留试验，获航天工业部 1978 年、1979 年重大科研成果一等奖，获 1985 年国家科学技术进步奖二等奖。

多年之后，刘竹生回忆起这两次民主会议，记忆犹新。他清楚地记得，个子不高的屠老总，不善言辞的屠老总，沉默倾听的屠老总，缓缓走到他的跟前，轻轻地拍拍他的肩膀，坚定地做出了决断。那一幕，他终生难忘……

3. 管鲍之交

20 世纪 60 年代末，中苏两国交恶。苏联不断在中苏边境地区制造事端，使中苏关系不断恶化。

1969 年春，中苏边界爆发了珍宝岛事件，并演化为珍宝岛较大规模的武装冲突，中国面临苏联日益严重的军事威胁。除此之外，中国还受到来自美国核讹诈的威胁。在国际形势异常紧张的情况下，中央决定加紧建设“大三线”。所谓建设“大三线”，就是在中国中西部的十三个省、自治区进行一场以战备为指导思想的大规模国防、科技、工业和交通基本设施的建设，称为三线建设，挑选条件是山、散、洞等易守难攻地形开展建设。三线建设决策之快、动员之广、规模之大，堪称中国工业建设史上的奇迹。

七机部作为国防研制单位，历来受到国家重点保护，也属于三线建设的重点之一。上级决定，一院的一部分研制部门迁往三线，在陕西凤县和四川达县两个地方开始三线建设。为此，航天系统抽调很多人员去支援三线建设。其中，就包括刘竹生的好友——老班长赵连忠。

一天，刘竹生接到赵连忠的电话，说有急事找他。下班时间一到，刘竹生急忙赶到赵连忠的宿舍，一进门，喘息未定就急急忙忙地问：“啥事，我能帮上忙吗？”

赵连忠看着他着急的样子，笑了：“我马上要调走了，你知道吗？”

刘竹生疑惑了：“干得好好的，干嘛调走？调哪儿去？是回哈尔滨吗？”当时赵连忠的爱人——当年哈医大的女友，最终不顾父母反对嫁给了赵连忠。有情人终成眷属，这让刘竹生为好友高兴了好长时间。莫非，老班长要回哈尔滨，与在当地的妻子团聚？

赵连忠摇摇头：“三线任务繁重，急需技术人员，领导说我是技术骨干，决定派我去三线工作。”这样啊，刘竹生若有所思地说：“那里条件有限，你要做好准备啊……”

“艰苦怕啥！”赵连忠摆出酒菜，与刘竹生一边说话一边喝着小酒：“好儿女志在四方！”刘竹生还是有些不放心：“你去三线，那你爱人呢？”赵连忠乐了，微醉的脸上显出格外兴奋的神情：“她也可以去三线啊。她是学医的，那里也需要。现在我在北京，她在哈尔滨，我们可以趁此机会结束牛郎织女的生活喽！”

一方面为好友即将到来的夫妻团聚而高兴，一方面为好友与自己的离别而有点伤感，刘竹生心里有种难言的感触。看到刘竹生失落的表情，赵连忠的心里暗自感动，他豪迈地举起酒杯劝说道：“没关系，虽然相隔远方，但距离无法切断我们的友谊，咱们永远是好朋友。我走了以后，咱们经常写信，交流思想，祝我们共同进步，友谊万岁！来，干杯！”

“友谊万岁！”刘竹生点点头，放下心里的失落，与老班长一起举杯痛饮。两人吃着、喝着、聊着，他们回忆起学生时代的点滴生活，回忆起当年那场失利的考试，回忆起老班长与女友的浪漫相识，回忆起毕业实习的“保密”事件……往日的点点滴滴，都成为而今的美好回忆。回忆中青涩的往昔，在此时两人的眼中，都成为珍贵的记忆，成为宝贵的财富……

海内存知己，天涯若比邻。

不久以后，赵连忠就去了三线。刘竹生开始与他书信往来。从信中，刘竹生了解到，三线建在山沟地区，生活条件很差，任务很多、很繁重，气候潮湿。赵连忠他们在极其艰苦的环境下开展发动机设计、研制、试验等工作。

岁月如流，时光荏苒。在此后十年中，赵连忠回过北京几次，每次回来，不管时间多么紧张，他都要和刘竹生见上一面、聊上几句，彼此关心一下，鼓励一下。每次，刘竹生都会为老班长准备几瓶腌好的酱猪肉带着，这东西虽不珍贵，但在山沟儿里也算难得，多带点，回去慢慢吃……

每次听到三线发动机试车成功的消息，刘竹生都为自己的好友感到自豪。听到赵连忠在三线立功的消息，刘竹生欢喜在心；听到老班长提干的喜讯，刘竹生更加欣喜。天有不测风云。忽然有一天，刘竹生得到一个噩耗，他的好友、老班长赵连忠因为突然患上急性胆囊炎，延误了治疗时机，被病魔夺去了生命。

乍闻此讯，刘竹生愣了半晌，回味良久，如梦初醒，悲从中来！人到中年，正是上有老下有小的年龄，正是大展宏图的年龄，就这么天人永隔、一去不返了！

连续几天，刘竹生食不甘味，夜不能寐。眼前全都是往日和老朋友在一起的场景，思念的痛苦从心底燃起。由于出身商人家庭，赵连忠曾经被人看低，他却凭借自己的努力，认真向上，出类拔萃，颇受赞誉。自结识以来，刘竹生和老班长便十分默契，从同窗学习到同在一院工作，十多年来，不管谁在工作或生活中遇到了挫折和困难，第一个想到的就是对方。有多少困难，他们共同面对；有多少事情，他们共同探讨着出主意；多少次，两人一起跨过了大大小小的沟沟坎坎。谁知，老赵就这么……

几天之内，刘竹生沉陷在深深的悲痛之中，无法自拔。

但是，悲痛无法挽回好友的远逝，现实还需要勇敢面对。

刘竹生意识到，自己不应该就此沉沦下去，便有意把自己有限的时间安排得满满的，以让自己进入到紧张的工作状态，紧张到没有时间去想自己的私事，紧张到无暇分心去沉湎于悲痛。不仅如此，他还决心，用更好的成就来追忆好友，以忘我的工作来祭奠好友。

人生无常，但情谊永存！

睡在我上铺的兄弟，永远留在我的心底。

睡在我上铺的兄弟，愿你在天堂安息……

4. 情之所钟

男大当婚，女大当嫁。斗转星移，刘竹生走过了人生的第 28 个年头，步入了“大男”的行列。随着年龄的增长，单位里的热心肠越来越多，不时有同事为他张罗着介绍对象。每每到这时，刘竹生便会有点不好意思地说：“不着急，不着急……”

1967 年年初的一天，同事王化侠来到“大男”刘竹生的办公室，对他左右观看、上下打量，并自言自语道：“挺帅个小伙儿，不错，不错。”刘竹生有点莫名其妙："老王，你到底要干啥呀？"王化侠"嘿嘿"一乐："大刘，你也老大不小了，看着挺精明的，工作干得那么好，怎么这事就那么木讷呢？赶紧洗个澡去，然后回宿舍捯饬捯饬，下班后上我那儿去见个姑娘。"见刘竹生流露出不情愿的神情，王化侠态度十分鲜明：必须执行，不得推辞！刘竹生有点无奈地点点头："那好吧，晚上见！"

傍晚时分，刘竹生敲开老王的家门，只见一位姑娘从凳子上缓缓站起，在灯光下显得亭亭玉立，静静地看着刘竹生。王化侠介绍说："大刘，这就是我说的那个姑娘，叫王丽珍。"刘竹生赶忙把手伸过去："你好！"心底却不由得一阵慌乱。只见那姑娘，抿了一下嘴，脸有点红，却仍彬彬有礼地伸出手："你好！"老王转过身，指着刘竹生对姑娘说："这就是我和你提过的我们单位的大刘。"

刘竹生偷偷地仔细打量着眼前的这个姑娘，圆圆的脸，弯弯的眉，微微发红的面庞，矜持害羞的神态……这时，从耳边传来王化侠的说笑声："别紧盯着人家姑娘看了，坐下，慢慢聊。"缓缓坐下，刘竹生心里有点无所适从。本来和王化侠平日里挺能聊的，可今天，在这位姑娘面前，刘竹生却不知道该说什么好了。

王化侠又对刘竹生进行了较为详细的介绍："他是我们单位的业务骨干，现在已经是小组长了……

青年刘竹生

业余时间还画画儿，画得栩栩如生的。”刘竹生有些不好意思地纠正说：“嗯……现在是副组长，画画现在还在学呢，就是爱好吧，也没有那么好。”

这人真实诚！姑娘抬起头，认真地看着这个来自北方的憨厚青年，主动地说：“你业余时间除了画画，还有什么其他爱好？”刘竹生便谈起自己看过的小说。这一下，话匣子就此打开，两人兴致勃勃地交谈了起来……

回到宿舍，刘竹生暗自兴奋，经常回味那位姑娘的一颦一笑，他甚至清楚地记得姑娘说的每一句话、每一个神态。两天后，王化侠见到刘竹生，打趣地说：“没想到你小子还挺行的，人家姑娘非常满意……”乌拉！刘竹生兴奋地要跳了起来！当晚便给王丽珍写了封信，约王丽珍星期天在陶然亭公园见面。

好不容易盼到了星期天，刘竹生穿戴整齐，早早地来到公园门口。人来人往中，刘竹生翘首以盼，王丽珍也如约而至。

三月的公园春意盎然。柳树开始吐出嫩芽，河水开始潺潺流动。春和景明时，风轻云淡中，两位年轻人沿着湖边走走停停，边走边聊。谈了工作谈学习，谈了学习谈兴趣爱好，似乎有说不完的话。爱情仿佛一颗神秘的种子，偷偷地种入两人的心田，渐渐萌动，渐渐苏醒……

王丽珍此时住在天津，但距离无法隔断两颗炽热的心。平日里，他们鸿雁传书，每逢周日，两人便想方设法地“鹊桥”相会。天坛公园，陶然亭公园，两个人来了又去，去了又来。春去秋来，到了收获的季节，爱情的果实也成熟了。刘竹生精心制作了一个贺卡，里面夹了一朵洁白的小花，上面写了一首诗：

偶成七律（赠丽珍）

相见时难别亦难，
秋风飒飒百花残。
枯萎飘零人迹灭，
暮寒浸衣芳心暖。
天长地久总有尽，
情绵意深永不断。
宽心坐待春来日，
满园碧绿红花艳。

短短的情诗，满满的心意，道出了刘竹生无尽的思念，渴望与丽珍相见的愿望，等待与丽珍结为伉俪的“春来日”。但奇怪的是，自从刘竹生的诗寄出后，王丽珍却开始表现得若即若离。他百思不得其解，思来想去，决定打定主意，一定得问个清楚。

再次见面时，乍一见到王丽珍，刘竹生便开门见山：“丽珍，咱们两个的事你有什么想法，对我有什么不满意的，请直接告诉我，行吗？”

王丽珍扑闪着一对可爱的大眼睛，微微一笑，认真地说：“你是一个好人……我觉得我们可以成为好朋友。”刘竹生不理解了：“怎么了，什么叫成为好朋友？”王丽珍张了张嘴，还没说话，眼圈却已经红了。刘竹生的心一下就软了：“走，咱们先进公园，慢慢聊吧。”

还是以往的蓝天白云、绿树红花，可在刘竹生的眼里，眼前的一切仿佛都视而不见。

看着一脸凝重的刘竹生，王丽珍刚说了两个字“我怕”，眼泪就夺眶而出。刘竹生伸出手，一点点地帮着她擦眼泪，一边安慰道：“别怕，有我在，咱啥都不怕。”王丽珍低下头，沉吟了半晌，才缓缓地说道：“我父亲当过国民党，我怕影响到你。”姑娘继续愧疚地说：“真对不起，我们分手吧……”

刘竹生有点懵了，他深知此事的严重性——自己身在尖端科技单位，对配偶及亲属的审查是很严格的。这可真不是一件小事。一时之间，刘竹生有点语塞，不知该说什么。经过仔细追问，刘竹生得知，王丽珍的父亲曾在国民党资源委员会从事技术工作，“文革”后，有人将旧档案翻出，把他打成了历史反革命。王丽珍眼含泪水看着刘竹生：“和我结婚恐怕会影响你的前程，我们还是分手吧。”

看着姑娘眼中痛苦的表情，刘竹生的心碎了，他紧紧地握住王丽珍的手：“我们不能分手，下星期天我们还在这里见面。别说你父亲没有什么问题，就是真有问题，这笔账也不应该算到子女的身上。”男友的理解，让王丽珍备感欣慰，但泪水却止不住地往下掉……良久，她不无担心地低声说：“要是你们单位不同意呢？”

刘竹生严肃起来，盯着王丽珍坚定而认真地说：“我不信他们会把我们拆散。”接着又说：“他们不能不讲理吧，你父亲没做坏事，退一万步说，你父亲就是有问题，也不应该算在你们子女头上。”

刘竹生表示，哪怕换个工作，也要坚持这段爱情。听着男友说出的这番话，王丽珍忐忑不安的心平静了下来。这样的男人，值得自己托付终身！

第二天，刘竹生就填写了“申请结婚报告表”，交给了上级领导。一周后，单位指导员把刘竹生叫去，严肃地对他说：“政审结果下来了，你不能与王丽珍结婚，经调查，她的父亲有历史问题。”

这个结果在刘竹生的意料之中，幸好他有充分的准备。他拿出平日里搞科研的坚韧劲儿，摆事实，讲道理，和这位指导员据理力争。听着他铿锵有力的话语，指导员被镇住了，平时认真工作、温和实诚的刘竹生，怎么忽然像变了一个人似的？指导员停顿了片刻说：“你再考虑考虑吧，室里就是同意了，院里、部里也不一定能批，万一出了问题，你自己负责。”

刘竹生点点头，没问题！

然而，似乎和航天事业的缘分未断，或许刘竹生的坚贞感动了上苍，命运之神眷顾了这两位煎熬中的年轻人，一段时间之后，刘竹生和王丽珍的结婚申请获得了上级的批准。

执子之手，与子偕老。通过不断努力，刘竹生的爱情终于结出了幸福的果实。一拿到上级的结婚批准书，刘竹生一刻也不迟疑，他立刻和王丽珍办

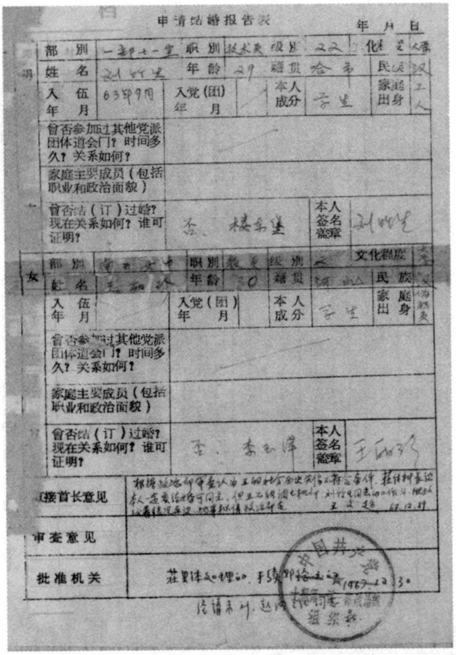
申请结婚报告表

年 月 日

男	部别	一部十一室	职别	技术员	级别	22	文化程度	大学	
	姓名	刘竹生	年龄	29	籍贯	哈市	民族	汉	
	入伍年月	63年9月	入党(团)年月		本人成分	学生	家庭出身	工人	
	曾否参加过其他党派团体道会门？时间多久？关系如何？								
	家庭主要成员（包括职业和政治面貌）								
	曾否结（订）过婚？现在关系如何？谁可证明？	否					本人签名盖章	刘竹生	
女	部别		职别	教员	级别		文化程度		
	姓名	王丽珍	年龄	20	籍贯		民族	汉	
	入伍年月		入党(团)年月		本人成分	学生	家庭出身		
	曾否参加过其他党派团体道会门？时间多久？关系如何？								
	家庭主要成员（包括职业和政治面貌）								
	曾否结（订）过婚？现在关系如何？谁可证明？	否					本人签名盖章	王丽珍	
	直接首长意见	[illegible] 67.12.29							
	审查意见								
	批准机关	[illegible] 1967.12.30							

申请结婚报告表

了结婚手续。1967年12月30日，牵着王丽珍的手，28岁的刘竹生步入了婚姻的殿堂。他暗暗下决心，这一辈子，都要与她牵手同行，一定要让她快乐和幸福。

也许牵了手的手，前生不一定好走。

也许有了伴的路，今生还要更忙碌。

所以牵了手的手，来生还要一起走。

所有有了伴的路，没有岁月可回头。

多年后的一天，1998年，一个偶然的机会，刘竹生找到了国民党资源委员会的相关资料。资料表明，当年参加南京会议的国民党资源委员会的很多成员对中国共产党解放全中国是有贡献的，他们已经陆续平反。刘竹生建议按图索骥，争取找到相关当事人，了解更多的情况。

经过辗转追寻，他们发现，王丽珍的父亲王翼臣曾向外发出过一份电报，

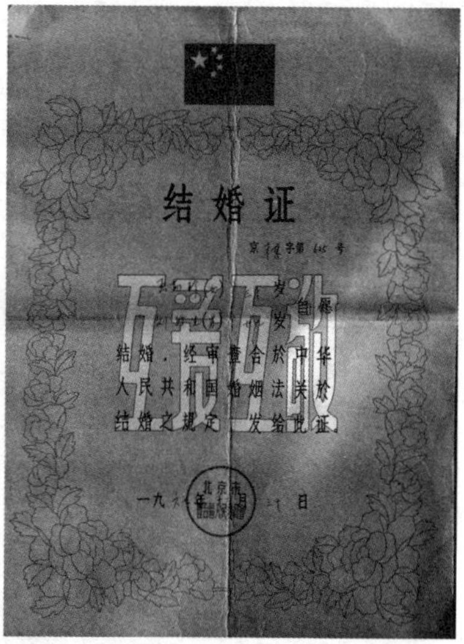
结婚证

结婚，经审查合於中华人民共和国婚姻法关於结婚之规定，发给此证。

刘竹生与王丽珍的结婚证

刘竹生与王丽珍合影

上面写道：矿山保护得很好，已被共产党政府接收。1998 年 11 月，王丽珍拿着这些珍贵的资料，来到中组部信访室。不到一个月的时间，他们便收到一封中组部的通知函，上面写道：

根据中央有关指示精神，对原国民党资源委员会人士中，与我地下党有直接或间接联系，接受任务，且在组织、领导护厂护矿中有重要贡献或立功表现的，可视为我党地下工作人员。经研究，你单位王翼臣同志（已故）的情况属上述规定范围，可按我党地下工作人员对待，其参加革命工作时间从1948年10月算起。现将〈原国民党资源委员会部分人士按我党地下工作人员对待审批表〉转去，请按规定办理有关手续。

一遍遍读着这封函件，刘竹生和王丽珍会心地笑了……

刘竹生

刘竹生院士传记

Academician Liu Zhusheng's Biography

第五章

风云突变

我经历过军垦劳动，受过那些苦以后，再苦再累都不怕了。这期间我父亲蒙受了冤屈，这反倒激发了我对父亲的更深层次的理解。

——刘竹生

1. 军垦磨炼

春去秋来，时光穿梭。

1966 年 10 月，一场“文化大革命”的运动在中国开始上演，一时间，真假颠倒，善恶异位。在许多单位，原本正常的工作和生活被打乱，原本和谐的人际关系也一次次经受着最严酷的锤炼。

1968 年 9 月，正当一院上下忙于重点型号科技攻关的时候，来自上级的军宣队、工宣队和军管会（“两队一会”）人员进驻一院，全面接手管理一院职工的政治思想和科研生产任务，原先的院领导受到严重排挤。不仅如此，为响应毛主席的最高指示——知识青年到农村去，接受贫下中农再教育，很有必要——“两队一会”组织召开职工动员大会，宣布下放劳动的伟大意义，知识分子去广阔天地接受教育，不能让卫星上天，红旗落地……

刘竹生知道，此时的中国，很多国营单位的大批干部和科技人员都被迫离开工作岗位，下放到边远军区的部队农场进行劳动改造和锻炼，这就是军垦。在一院第一总体设计部，已经有三分之一的职工被抽调参加，包括一些病弱孕妇，有时还会出现夫妻双双去军垦的情况。刘竹生所在的研究室中，约有一半的职工参加军垦劳动，只有剩下的一半继续进行国家重点型号的研究。

意料之中的是，刘竹生被选中去参加军垦。

收拾行囊，扛着行李，挥手告别亲友，踏上北上的列车。1969 年 4 月 4 日，刘竹生和总体部 100 多名同事一起，奔赴距离东北边境不远的沈阳军区 3271 部队农场，进行劳动改造。这批工作经验丰富的科技人员，不分男女老幼，都放下手头的工作，放下家庭，奔赴遥远的农场。

三天三夜的日夜兼程，100 多名科技人员到达一片空旷、荒芜的土地。四周野草丛生，几排低矮的平房孤独地被荒野包围。北风呼啸而过，尽管是人间四月，却丝毫没有春天的痕迹。这个地方位于黑龙江省齐齐哈尔市往北 50 多公里处，接近北纬 48 度，所在地点是二道湾区富裕县树林村。不过地名显然与实际情况并不符合——二道湾没湾，富裕县不富，树林村没树。

几排简陋的平房是 64 军部队干部和 100 多名航天科技人员共同居住的场所。但二者之间界限分明：部队干部个个身着军装，领章鲜红，帽徽闪闪，庄严而威武；而航天科技人员，无论男女老少，个个身着褪色的军装，一无领章，二无帽徽，很多人的鼻梁上架着副眼镜，透着灰色的格调。领导宣布，由排长、连长和指导员等部队官兵管理下放劳动人员。

部队干部并不了解他们所管辖的这群人的来历，凭着想象，他们认定这是一群落后分子，或是地富反坏右等黑五类之流，甚至猜想是国民党的退伍军官，因而态度极其强硬，要求极其严格。

在部队干部组织召开的紧急会议上，100 多名航天科技人员列队整齐地站在草地上，跟着高唱革命歌曲，跟着朗读毛主席语录，而后聆听口气严厉的训话："你们和刘少奇穿一条裤子，拉一拉就上去，松一松就下去。你们必须好好锻炼，好好改造，洗清你们的资产阶级思想，来一场'脱胎换骨'的改造……"

尽管心里有些莫名其妙，不知道何时与曾经的国家主席刘少奇有了牵扯，但这些从事尖端科学研究的知识分子们显然并不善于解释，大家都默默顺应着命运的安排，默默聆听着高亢的训话，默默注视着陌生土地上陌生的一切……

而所谓的脱胎换骨，落实在行动上，就是无休止、繁重的田间劳动。

撒粪种豆是第一项任务。5月伊始，这群知识分子被要求去马厩里将马粪铲到马车上，均匀地撒向田间，与泥土充分融合。半个月以后，再撒豆子播种。一个月后，等到田里长出嫩绿而稠密的豆苗时，他们再把拥挤的豆苗一一分开，让两株豆苗之间留出一定间隔，这叫间苗。经过认真劳作，刘竹生看到，在原先荒凉的土地上，一排排豆苗排列整齐，错落有致，在风中轻轻摇摆，昭示着生命的绿意。

为豆苗除草是第二项任务。与豆苗共同生长的还有大量的杂草，在阳光雨露的滋润下，它们也争相生长，恣意纵横。领导要求，必须把野草锄掉。一位排长讲述了豆苗和野草的区别：长着两片圆叶的是豆苗，其余的就是草。而后，军队和科技两个方阵的劳动竞赛随机展开——连队干部和科技人员一字排开，一人负责一垄地。

排长一声令下，比赛开始！

刘竹生抬眼望去，一垄地细长细长的，长达千米左右，一眼望不到头。刚开始的时候，两个方阵的人员还互有先后，不分上下，但不多时，差距越来越明显。年轻的军队干部真是干劲十足，挥起锄头来熟练顺手，越干越快。而以中年为主的科技方阵里，越干越疲劳，越干速度越慢，手指个个僵硬，锄头重如千斤，一不小心，锄掉了野草，也锄掉了圆圆的豆苗……

工间休息时，刘竹生捶捶腰，直了直身板。本想抽上几口烟，可他却发现，自己的手指已经僵硬得不听使唤，张开都很费劲，手指哆哆嗦嗦，甚至连烟都夹不住了……

日落西山，收工休息。连长总结一天的劳动：军队干部们干得快，干得好，予以表扬；科技人员速度慢，而且出现了把豆苗也除掉的现象，这是多么严重的错误行为！

再次遭受批判的科技人员们无精打采地回到宿舍，睡在上铺的人发现，自己连爬上床的力气都没有了，四肢无力，手脚发软，还是在几个人的合力推、托之下，才爬了上去……

金秋十月，豆子成熟，到了收割的时候了。尽管农场有收割机，但为了抢速度，同时还要靠人工收割。这 100 多名科技人员一人一把镰刀，从早割到晚。一手握着镰刀，一手拢着豆棵，用力！粗硬的豆梗、尖锐的豆荚，一不小心就把手扎破。时间一久，两手长满了老茧。看着自己的满手老茧，看看别人的粗糙大手，刘竹生苦笑着叹息了一声……

然而劳动不是最大的困难，寒冷才是最可怕的困境。从北京出发的时候，这 100 多人并不知道要去哪里、待多久，没有做好打持久战的准备，很多人甚至连棉衣都没带。寒冷的冬日里，滴水成冰，寒风发出狼嚎般的吼声。

1971年12月27日，刘竹生（后排左五）等与3271部队战友合影

经过几个月的相互了解，军队干部和科技人员也慢慢熟悉起来。军队干部了解到，这群人原来是下放劳动的航天科技工作者，并不是有什么罪过的违法人员。而科技人员也知道了这批军队干部的来历，他们曾经是全军大比武时各军、师的比武尖子，拿过冠、亚军的，“文化大革命”一开始，他们被排挤，又不到复员的年限，就到各农场当干部。

同是天涯沦落人，相逢何必曾相识！军队干部和科技人员之间渐渐相互理解，甚至有点心心相印了。关系融洽后，军队干部的态度渐渐转变，在跟科技人员说话时，脸上也开始带有笑容。严寒的冬天，他们和当地的农民都提醒科技人员：在外边待着的时候，千万不要掰耳朵，否则耳朵会掉下来的。

有个同事拿着一个温度计，带着外边的寒气，推门进到屋里，用冻得发直的大舌头对大伙儿说：“你们拆（猜）外面有多傻（少）度？”有人猜零下30摄氏度，有人猜零下40摄氏度。他把温度计摆在大伙儿面前说：“你们自己看吧。”大伙儿围拢过来，刘竹生清楚地看见，温度计刻度表到头是零下40摄氏度，水银柱已经到头了，也就是说气温比零下40摄氏度还要低，已经爆表了。

大年三十晚上，农场供大家伙儿一顿热乎乎的饺子，平日里通常吃的是高粱米饭。吃饺子时，连长向大家宣布新的任务：我们要过一个革命化的春节，我们要在春节期间清马厩。

农场的马厩里养了几十匹马。天寒地冻，马厩的地上结了一层厚厚的冰，足足有10公分厚，坚硬无比，是马尿和马粪的混合物。清理马厩就是要把厚厚的冰层刨开，这显然并非易事——冰冻10公分，一镐头下去，只能听见“嘭、嘭”凿冰的声音，而坚硬的冰层却纹丝不动。刘竹生琢磨了一下，对大家提出一个建议：“我们朝一个点猛凿，别换地方，直到凿透为止，以这点作为突破口，再撬开它。”连队干部赞赏地点点头：“对，知识分子的道道就是多。”集中一个着力点，突破一点，以点带面。经过艰苦的劳动，坚硬的冰层在铁镐下纷纷破裂，“劈哩咔啦”地散开。大伙再将刨开的马粪运到车上，拉着大车一趟一趟地把马粪撒在田地间。

如果此时用马车拉，就会省很多力气。但部队领导却认为，过春节，马也应该休息，不能再辛苦它们了，而这些人应该过一个革命化的春节，就需要大家亲身劳动，培养革命的意志。

从大年三十晚上开始，一连好几天，刘竹生架着大车，往返于马厩和田野之间。一阵狂风夹杂着飞雪迎面袭来，遍体生寒。而风雪中还混杂着冰渣子，拍在脸上，涩涩生疼。第四天，在运输粪肥的路上，刘竹生咳嗽不止，一口鲜血吐出来，一个跟头栽了下去，不省人事……在极其恶劣的天气下高强度、超负荷的持续劳动，革命化的春节过后，不堪重负的刘竹生病了。他被确诊为肺结核，被送进了齐齐哈尔市医院。

在遥远的东北荒野里，在严寒冰雪之中，举目无亲，孤身一人，病卧在床。刘竹生的人生轨迹降到了冰点。

2. 否极泰来

举头望明月，低头思故乡。

想念远在北京的温柔妻子，想念自己的父亲和家人，卧病在床的刘竹生思绪万千。他从书信中得知，妻子在家照看的女儿莞尔，甚是聪明可爱，两岁多已经会帮妈妈拿小凳子了，还认识了不少字。除此之外，妻子还要照看姐姐姐夫的两个未成年的孩子。虽然妻子在信中没有吐露半点自己的辛苦，但刘竹生可想而知妻子的辛劳，他恨不能立刻长出翅膀飞到家中，看到自己的妻子和女儿！

等到四个月出院后，农场的领导安排他帮助炊事班干活。这方面，刘竹生可是个实实在在的外行。

一次，刘竹生替换饲养员养猪。望着可爱的小猪，刘竹生心想，猪只有吃饱了才能壮实，我今天要给它们改善一下伙食。他专门煮了一锅高粱米饭，拎给了小猪吃。结果，伙食改善了，猪却动不了了。赶紧找来卫生员，结果卫生员不懂怎么给猪治病。又请教专门养猪的农民，刘竹生才知道猪食做得太稠了，猪吃后消化不了，这才导致不舒服。

找到一本如何养猪的小册子，刘竹生如获至宝，仔细翻阅。只见册子上写到，打青霉素可以治愈猪身上的很多疾病。果真，给猪打了针以后，第二天，猪就又欢蹦乱跳了。刘竹生感慨道：任何事情都应该按本身的自然规律办事，不能异想天开。

此时的军垦生活的环境与条件有了大大的改善。科技人员开始有计划地进行副业生产，养猪、养鸡、养鹅、种菜等，与军队干部的关系也大大改善。在农场里，刘竹生被大伙儿称为“修表工”，谁的手表坏了，都找他，甚至附近的村民也都知道农场里有个“修表工”。

一天，一位老乡拿着一块坏表找到了刘竹生。他二话没说，拿起工具就开始修理。没过多长时间，表修好了，老乡拿着表高高兴兴地走了。没过多一会儿，老乡又返回来，拿出表问刘竹生：“这表咋到半路又停了呢？”刘竹生接过手表看了看，手表又走了。老乡纳闷了：“咋的，这表还挑人呀！”刘竹生笑了：“外边太冷，机油冻上了，你出去时把表揣在怀里，到家你再拿出来看看，应该没问题的。”憨厚的老乡反复致谢，刘竹生摆手说：“没啥，有事再来。”

军垦劳动，除了挑战身体极限外，更难熬的是精神上的匮乏。没有电影、没有图书、没有音乐……就连工休时间，聊天内容也受到限制。从早到晚除了干体力活儿，只能学习有限的几本政治书籍。每当这个时候，就会有人请刘竹生出场，讲一段小说或故事。刘竹生也就煞有介事地像说评书一样讲了起来：“贾宝玉原本是神瑛侍者，林黛玉却是那绛珠仙草，二人有着浇灌与还泪的缘分……”

这刘竹生真行，讲故事跟说书似的，有意思！大家围拢在刘竹生周围，听他古往今来地讲故事。刘竹生讲得头头是道，大家听得津津有味。忽然，一声厉喝传来：“你们过来是改造思想的，不许在这里宣传资产阶级、封建主义的臭思想。什么贾府，丫鬟、小姐，乱七八糟的。”

刘竹生回过头，看见连长站在身后，一脸愤怒的表情。他指着刘竹生的鼻子说：“刘竹生，你不许在这里放毒！”一时间，大家都沉默了。

刘竹生却清清楚楚地反驳到：“《红楼梦》是毛主席建议看的。他老人家说，看《红楼梦》能了解整个封建社会，《红楼梦》至少要看五遍才有发言权。”

听到是中央最高领导的指示，连长一时被噎住，张了张嘴，却又说不出什么，半晌后悻悻而去……

刘竹生（后排左四）与572连2排军垦战友合影

漫长的冬季过去了，短暂的春夏过去了。在这里已经度过近三个春秋，站在田间，刘竹生极目远眺远处天地一色的景致，心中感慨万千。

无尽的思念，无尽的惆怅，无尽的迷茫。

物极必反，否极泰来。

在军垦农场劳动的第三个春天，1972年的春天，当万物复苏的时候，刘竹生和100多名科技人员接到来自上级的回京通知。消息传来，大家欢呼雀跃，兴高采烈。挥手告别树林村这块荒凉的土地，挥手告别这块血汗抛洒的原野，这100多名科技人员踏上了返京的列车。

挥手自兹去，萧萧班马鸣。

这一千多个艰难的日日夜夜就此翻过，刘竹生相信，这种来自时代的捉弄并不是常态，航天事业科技工作才是他正常的人生主题。在京郊南苑，在那片热土之上，才是他报效祖国的地方，而导弹和火箭事业才是他施展才华的人生舞台。

“北京南苑，我回来了！”

3. 父子连心

踏上南苑的土地，刘竹生环视一院。之前，他曾参与研制的东风五号导弹已完成第一次试飞，获得基本成功，但实际飞行高度和射程与设计值仍存在偏差，还有很多技术需要改进。刘竹生看到，办公大楼内外贴满了大字报，上面赫然写着“打倒 × ×”“打倒 × ×”。这其中就有刘竹生崇拜过的学者，一位品行高洁的专家。为什么会这样？刘竹生的内心有些痛楚。

走进家门，刘竹生看到了日夜思念的妻子和四岁的女儿。女儿看了一眼眼前这位陌生的男人，紧紧地抱住妈妈，大大的眼睛里满是戒备的神情。看到孩子的眼神，刘竹生的心里像针扎似的疼……

妻子搂着女儿，对女儿说：“乖，这是你爸爸，叫爸爸。”女儿瞪着眼睛，默不作声，无声地抗拒着。妻子似乎明白女儿内心的纠结，把女儿搂得更紧了。转过头，她含着泪水问刘竹生：“还走吗？”刘竹生深情地望着母女俩，愧疚地说：“不走了，结束了。”王丽珍一手抱着女儿，一手拥着丈夫，悲喜交加，不觉放声痛哭起来。

不是孩子不懂事，刘竹生知道，是自己没有尽到作父亲的责任。三年来，自己远在天边，爱莫能助，只能眼睁睁地看着妻子独自承担着家庭的重任。刘竹生想得十分清楚，现在自己回来了，一定要好好爱护她们娘俩，一定要给她们温暖和保护。

功夫不负有心人。经过几天的努力，刘竹生终于得到了女儿的认可。听着女儿甜甜地叫着“爸爸”，看着贤惠的妻子脸上洋溢的笑容，刘竹生的心里舒爽

1969年，刘竹生夫妇和大女儿

极了！

然而，工作的事情依旧让这位年逾三十的工程技术人员头痛不已。

本来是个严肃严谨的科研单位，可现在一院三天两头开批斗会。学术权威被揪斗、戴高帽游街。同事之间分成两派，斗争激烈。对这些不正常的情况，刘竹生心里很反感，但也只能暗自叹息。

1975年秋季的一天，一院军管会的负责人找到刘竹生，警惕地质问："刘竹生，经组织调查，你父亲有政治问题，你不知道吗？"

刘竹生不解地看着军管会负责人，不由得打了一个寒战，内心感觉比军垦劳动最冷的时候还要冷很多。他稳住心神，镇静地反问："什么问题？"

负责人像审犯人一样，用极其不信任的目光上下打量着刘竹生，双眼射出两道寒光，话语像利剑一般从嘴里射出："你真就一点儿不知道？"

刘竹生此刻有被别人羞辱的感觉，心中很是气愤，脸憋得通红，他一字一句认真地说："请你说清楚，我父亲到底是什么问题？"刘竹生心想：父亲那么正派，那么善良，那么勤劳，会有什么问题？！

"回去问你父亲吧，他是右派。"军管会的领导生硬地扔回来一句话，重重地砸在刘竹生的心上。

右派！刘竹生呆住了，怎么会！父亲去兰州支援国家建设，那段时期，一家人的生活都指望父亲一个人的工资过活，怎么父亲突然成了右派？刘竹生百思不得其解。

而此时，刘竹生的父亲刘廷珍，正在自己长子的家中。年迈的老人思念自己的孩子，于是赶来北京，看望这一家三口。见到刘竹生一家和睦美满，老人的心里甭提多高兴了！常常，在下班时分，老人就在房门处等待，从上楼的脚步声中，就能清楚地分辨出哪个是自己儿子的，于是常常在儿子敲门前就打开房门，让他进来。

这一天，依旧是老人为儿子打开房门，但却看到儿子跟个孩子似的一脸委屈。

刘竹生问道："爸，您是右派，是吗？"

父亲闻言低下头，有些羞愧地说："你咋知道的？你们单位有人找你谈话了？"老人的神情不像是父亲对儿子，反倒有些孩子似的羞怯。

在刘竹生看来，"右派"就是反面人物的代名词，宣传中，他们反党、反社会主义、与人民为敌，一无是处，自私反动——但是，自己的父亲自己了解，明明是个慈祥忠厚的人啊！刘竹生奇怪地问父亲："您都做了些什么，怎么就当上右派了呢？"

父亲的眼睛红了，嗓子沙哑地说："都是我不好，影响你前程了。"在儿子的追问下，老人讲述了自己成为右派的经历。早在1957年支援兰州建设的时候，在大家都大赞红色苏联的时候，正直的刘廷珍讲述了一段自己亲眼见到的苏联军人欺负中国人的事情，结果被别有用心的人上纲上线，说是污蔑苏联共产党，罪行等同诬蔑中国共产党，结果，刘廷珍就被打成了右派。三年之后，右派摘帽，老人以为就此相安无事了，谁知在“文革”中，这些事情再次被人揪起，于是，老人再次被扣上右派的大帽子。“我一直瞒着你，就是怕影响你的前程，可……唉！”父亲痛苦地闭上眼睛，长长地叹息着。

看着满脸愧疚的父亲，刘竹生的心里充满无奈和忧伤。童年时，他亲眼见到了父亲所说的那些事情，依稀记得是酗酒的苏联红军闯入民宅，吓得邻家姐姐惊恐地大声呼救。当时，还是父亲见义勇为，和几个邻居救下了那位女子。可没想到的是，说出这件事，居然成为父亲一再被打为右派的把柄。

刘竹生知道，正直的父亲没有错，事实就是事实，没有必要为谁掩饰与遮盖什么。说出这件事情，就代表着反动吗？就等于污蔑吗？就是别有用心吗？这不符合逻辑啊！思前想后，刘竹生明白了，是父亲承受了冤屈啊！

想到这里，刘竹生安慰父亲道：“没事，您的事对我没什么影响。再说，我又不想靠老子升官，没事的。”话是这么说，可他心里明白，在这种尖端科研单位工作，家庭成员的政治问题是能够影响一个人的前途的，甚至有可能被人当作把柄而不予重用。

但是，又有什么办法呢？父亲是正直的，是无辜的，他已经承受着不小的政治压力，作为儿子，自己又怎能雪上加霜呢？刘竹生咬紧牙关，不动声色地工作着，生活着。但在他内心深处，依然有一种难以排遣的郁郁之气：不仅仅是年迈的父亲，还有那些可敬的专家们，原本都可以神采飞扬地大干一场，原本可以推动着导弹、火箭事业更快速地向前发展，刘竹生相信他们都有一颗为祖国奉献的拳拳之心，可是，为什么善良会被冤屈，为什么正直要遭受磨难？命运啊，这究竟是为了什么？

欲渡黄河冰塞川，将登太行雪满山。行路难，行路难！

几年之后，刘竹生的疑问有了确切的答案。

1976 年 10 月，在中华大地肆虐达十年之久的动乱——“文化大革命”宣告结束。随后，一批批右派予以平反、摘帽。1978 年 9 月，刘竹生的父亲得到了彻底平反。

刘竹生的心情像盛开的鲜花一样舒畅而开怀。放下包袱，他从此终于可以轻松地工作、学习和生活了。

多歧路，今安在？

长风破浪会有时，直挂云帆济沧海！

刘竹生

刘竹生院士传记

Academician Liu Zhusheng's Biography

第六章

改革开放

我觉得我们过去做的不少东西，都是小打小闹，不成气候。我们应该发挥航天的特长，做一些大买卖，把我们的火箭推销出去，打入国际市场，挣外国人的钱。

——刘竹生

1. 推销火箭

1978年3月，中华大地迎来了科学的春天。十年“文革”已然成为历史，经济建设成为中心，发展市场经济成为首要任务。

从“以阶级斗争为纲”转到以经济建设为中心，老百姓在欢欣鼓舞的同时，也有些不知所措。没有前车之鉴，没有成熟的模式可以参考，该怎么市场化呢？尤其对于航天高精尖技术产业，应该如何市场化？是否会影响到国家整体的发展？国家的军事力量是否会由于市场化而被削弱？国家在世界的地位和威望是否会受到影响……一连串的问题，摆在了航天人的面前。

此时的一院，任务不是特别饱满，于是，上级给出明确指示：军民结合，在军工第一的前提下，开启“军转民”“内转外”的战略模式，在加强国防建设的同时，积极参与国民经济建设。

经济搞活了，年轻人的心也活了。国营企业的年轻人大量流失，航天系统也不例外。出国的出国，跳槽的跳槽，下海的下海。刘竹生所在的火箭总体研究室，20世纪80年代初，国家分配来七名本科生和研究生，三五年后走掉了六名。有人调侃说，与长期安心从事航天事业的“永久牌”相比，这些在航天事业做短暂停留的无疑就是“飞鸽牌”了。此时，还有“停薪留职”一说，不用上班，保留岗位，不发工资，将来还可以回单位上班。

人员分流严重，研制重点转向，新的历史时期，航天人面临着新任务。从以往的军品转向以市场为主的民品，一院展开了激烈的讨论。刘竹生所在的部门，在室领导的组织下，大家开会讨论单位生存与市场开发等问题。

现场会议的热烈程度，超乎刘竹生的想象。有主意的出主意，有情绪的发泄情绪，讨论异常激烈。相当一部分人对军转民的思路不适应，会议的主题便先围绕这些展开讨论。一位老同志情绪激动地说：“你看人家外企，同样是大学毕业生，就别说研究生了，一个月能挣一两千，再看看我们，我工作都这么多年了，收入还抵不上人家的十分之一。”

马上有人站出来反驳道：“不应该只看收入。不管怎么说，他们是给洋人打工，而我们是给自己国家工作，感觉能一样吗？”

有人补充道：“就是，搞运动搞了十多年，改革开放才几年，国家本来钱就不多，这几年培养的大学生、研究生，好多去了外企，我们国家自己的支柱企业怎么发展，我们这些老同志再能干，没有接班人也不行啊。”

有更加悲观的人士称：“再这样下去，我们这些老家伙慢慢都得回家，航天别干了，航天部解散算了。”

有人听不下去了:“现在这种状况不都是‘文化大革命’那些年内耗折腾的吗，我就不信我们这些搞科研的无用武之地了。”

刘竹生理解大家的心情，当下搞导弹的不如卖茶叶蛋的，万般皆下品，唯有金钱高。但是，刘竹生总觉得，在这个纷乱的时候，是不是应该静下心来，冷静思考一下呢？离开钱是万万不能的，但钱是不是也不是万能的呢？在追求金钱的同时，是不是还应该有点更高的需求呢？有没有二者兼顾的方法呢？

还没等刘竹生梳理出完整的头绪，忽然听到室主任说：“静一静，大家都静一静……我们现在还是好好想一想，怎样搞活经济，增加我们的收入吧。”

围绕这个主题，大家七嘴八舌地出主意。从制作包装箱到造打火机，从造汽车飞机到机械加工，从制作动画片到制造电子琴，大家的意见五花八门。一番激烈的讨论之后，室领导决定，先拿下制造电子琴这单生意。

经调查，全国很多家单位的宣传口都急需电子琴。当时，市场上只有国外品牌的电子琴，而购买外国的电子琴需要外汇和指标，很难买到。这条路，值得走！

借来一架旧的电子琴，大伙儿围在一起仔细观看。有人伸手试了试，悠扬清脆的乐曲在整个办公室响起。虽然电子琴端端正正地摆在那里，但一无图纸，二无说明书，该从何下手呢？不少人摇摇头、叹叹气，走开了。

刘竹生站在电子琴旁边，仔细地观察和思考着。他从柜子里拿出一张空白图纸以及卷尺、圆规、笔记本等，像专业木匠似的，有条不紊地丈量电子琴的尺寸，长度、宽度、高度，侧面，琴键的长宽高……左手拿尺，右手拿笔，刘竹生仔细地画了起来。

正当刘竹生聚精会神地画图时，突然听见有人喊道：“哎呀，画得太好了！”

刘竹生扭过头一看，原来是室里的一个小伙子。他问道：“你什么时候进来的？我咋不知道呢！”小伙子有点不好意思了：“真对不起，吓您一跳，我都站半天了。”

认真而轻巧地把电子琴拆开，刘竹生看到，电子琴整齐的黑白键盘之下，隐藏着复杂的电子线路。不看不知道，一看吓一跳，原来黑键和白键不只是在颜色上存在差异，形状和尺寸都不一样。刘竹生的心里有谱了。

之后的一段时间里，他带领几名同事，对电子琴展开了“反设计”，通过实物反推，描绘出设计图纸，然后再进行仿制。电子琴制造，正式开始！

有人画电路图，有人采购零件，有人加工，有人装配，大家共同努力，很是费了一番脑筋和功夫。刘竹生时而当木匠又锯又刨，时而当电工检查电路，时而当包工头督促检查。经过反反复复的试验和调整，三个月后，第一台电子琴问世了！

崭新的落地式电子琴摆放在实验室里，大家围着观看着、赞叹着。李长纯坐在电子琴前边，随着他的手指在琴键上的滑动，一首扣人心弦的《梁祝》随即飞出，悠扬婉转的旋律久久回荡……这架电子琴最后被南宁歌舞团买走了。在十月一日的国庆庆典上，就是用这架电子琴，南宁歌舞团演奏了压轴的几首曲目，受到了观众的热烈欢迎。

好口碑是最好的宣传。当时，拥有一架好的电子琴是许多歌舞团的梦想。第一架电子琴的制作成功，为刘竹生他们引来了不少订单。不少歌舞团都知道，一院总体部火箭总体研究室研制的电子琴，质量好、品质高，值得购买！

而在电子琴制作项目之外，飞机“密封条”配件和节油控制装置等，也先后成为室里的民品项目，室里专门抽调一部分人从事市场开发，到全国各地进行调研，寻找市场。这样，在军品任务不是很饱满的时期，刘竹生和同事们除了每月六七十元的工资外，还拿到了一些奖金。

但是，这是航天事业发展的长期模式吗？还有没有更好的发展道路呢？刘竹生常常沉浸在深深的思考中……

一天，室里领导又召集大家开会，讨论如何拓展市场。会议依旧讨论得十分热烈，哪个项目挣钱多，哪个项目容易干，哪个项目有市场，一时间，众说纷纭。

刘竹生一直在静静倾听。主任在会场上扫视了一圈儿，眼睛定格在刘竹生身上，说道：“老刘，你平时点子多，你来说说看。”

刘竹生笑了笑，谦虚地说：“我还没太想好，只不过我觉得我们过去做的不少东西，都是小打小闹，不成气候。我们应该发挥航天的特长，做一些大买卖，把我们的火箭推销出去，打入国际市场，挣外国人的钱。”听到这话，大家都愣了。

推销火箭？

国际市场？

仿佛一颗石头投入湖心，惊起一圈圈的涟漪。在短暂的沉默后，会议再次转入热烈的讨论之中。刘竹生的发言打开了大家想象的翅膀，对于推销火箭的建议，大家有赞同的，有反对的，有不屑一顾的，也有部分认同的，还有人在思考保密与公开等问题。这次会议虽然没有形成具体的方案，但是，推销火箭，把火箭投入“国际市场”的想法，不仅是以往没有想到的，也和总体部领导的思路不谋而合，这一想法让更多的人感觉到新颖、兴奋和深奥，还有一份隐隐的期待与热望。

这大刘，真行！

2. 走出国门

20 世纪 80 年代，在刘竹生等航天人的期盼中，国际火箭市场迎来了中国这位崭新的制造商。

从 20 世纪 60 年代起，中国开始研制弹道式导弹。利用导弹研制的成熟经验，1970 年，中国制造出第一枚运载火箭——“长征一号”，把中国第一颗人造地球卫星送入了太空。之后，“长征二号”和“长征三号”等运载火箭先后诞生，前后共发射了 17 颗卫星。中国能否作为航天大国，活跃在人类和平利用空间的新天地上，与世界航天顶尖高手竞争卫星发射市场？中国决定试一试。

1985 年 6 月，中国航天技术在巴黎航展首次亮相，展露风采。10 月，中国正式对外宣布，将长征系列运载火箭投放国际市场，承揽卫星发射业务。

1982 年 4 月，一院所在的七机部改组成航天工业部（简称航天部），七机部一院自然改为航天部一院。1986 年 1 月，航天部组织了一个调查小组，专程访问瑞典空间公司，成功签署了用长征二号丙运载火箭搭载发射瑞典弗利亚科学试验卫星的发射订座协议，这是中国进入国际市场的第一个订座协议。

1987年8月5日，长征二号丙运载火箭为法国马特拉公司搭载发射微重力试验装置获得成功，这是我国最早的对外搭载发射任务。1992年10月6日，长征二号丙运载火箭搭载发射瑞典卫星成功。这些搭载发射的成功，仿佛音乐剧演奏前的序曲，将导引出中国航天走出国门的宏大乐章。

1986年可称作世界航天史的灾难年。1月28日，美国挑战者号航天飞机发射升空72秒时突然爆炸，机上七名航天员与航天飞机一道消失在太空中。4月28日，美国大力神火箭发射起飞8.5秒时发生爆炸。5月3日，美国德尔它火箭升空71秒时主发动机突然熄火，91秒时，飞行姿态失去控制，导致火箭坠毁。5月30日，欧洲航天局阿里安火箭第三级未能及时点火，功亏一篑。

一连串的失败让国际商业卫星发射市场青黄不接，低迷不前，卫星运营商们一时找不到合适的运载工具。没有运载工具，卫星上不了天，而天上运行的卫星寿命又即将到期，卫星运营商经营不下去，面临着破产的风险，亟待发射新的卫星。一家如此，两家如此……国际市场上出现了卫星排队等待发射的情况。

恰在此时，中国运载火箭出现在国际发射市场上。

1986年2月1日，中国的长征三号运载火箭成功地发射了第二颗实用通信广播卫星，大大提高了中国运载火箭的竞争力。一些外国卫星公司主动提出希望与中国合作的意愿。然而，外国运载火箭公司并不希望中国进入国际发射市场，增加竞争对手。还有一些卫星公司对陌生的商业伙伴并不熟悉，而具有一些抵触心理。

走出国门，阻力重重。

一家美国卫星公司总裁面对中国航天代表时，刚一见面就说："和我们谈判要先付谈话费。"看到我国提交的标书只有几页纸时，这位总裁又说："等你们拿出一寸厚的标书时，再来谈吧。"接着又补充道："如果让我们帮你们写标书，请先付100万美元。”令他遗憾的是，中国航天人并没有劳他们的大驾，不久之后，在这位总裁惊异的眼神中，一寸厚的上百页的标书，摆在了这位总裁面前。

谁也不知道，这100页标书的背后，有多少航天人付出了多少心血，有多少火箭研制人员度过了多少不眠之夜……初出国门，不懂规则，但中国航天人肯学，肯干！

破除阻力，勇出国门！

1986年9月，美国西联公司在北京与中国长城工业公司签订意向协议，用长征三号运载火箭发射美国休斯公司制造的亚洲一号卫星。这是一颗身世离奇的卫星——1984年2月3日，这颗卫星经由美国挑战者号航天飞机发射，但发射失败，卫星没有入轨；11月12日，美国用发现号航天飞机将这颗卫星从太空捕捉回来，而后放在仓库里保存，之后再由香港亚洲卫星公司购买，命名为亚洲一号通信卫星，拟由“长征三号”发射。1989年1月23日，中国火箭对外贸易公司——长城工业公司与香港亚洲卫星公司正式签订合同，用长征三号运载火箭发射亚洲一号卫星，时间定于1990年4月。

拿下合同，初战告捷。但研制之路，困难重重。用国内的运载火箭来发射美国卫星，技术上存在着不适应、星箭接口不匹配等专业问题。为了满足卫星的技术要求，需要对运载火箭做出一系列的修改与完善。刘竹生参加了其中一项重要课题的研究：星箭分离力学研究。

火箭末级发动机熄火，卫星与火箭分离，星上发动机启动。这期间，卫星将受到强烈的振动。如果振动强度超过卫星所能承受的阈值，就会引起卫星的破损或者爆炸，发射将会失败。

接到任务，课题组成员把任务化整为零，刘竹生主要负责设计，其他的年轻人重点负责计算机模拟和仿真。经过反复地分析、模拟和试验，终于在 1989 年年底之前完成了详细的技术分析报告。

1989 年 12 月，在洛杉矶召开的长征三号运载火箭技术评审会上，中美双方一致通过技术分析报告，参加会议的七方代表分别在接口控制文件上签字，美国总统在圣诞节前夕，同意美国休斯公司的卫星使用中国长征三号火箭进行发射。

1990 年 4 月 7 日晚 9 时，长征三号运载火箭把亚洲一号通信卫星准确送入地球同步转移轨道。

1990年，长征三号运载火箭发射亚洲一号通信卫星

刘竹生参加的长征三号运载火箭与亚洲一号通信卫星星箭分离动力学的研究课题，于1991年获航空航天工业部部级科学技术进步奖三等奖。

3.“捆绑”立项

知己知彼，百战不殆。

从1985年到1986年，中国航天人经过在美国进行的多次市场调查，访问过20多家卫星公司和潜在用户，并得出结论，20世纪90年代的通信卫星将有三大特点：大功率、长寿命、多转发器。而长征三号运载火箭显然并不能满足这个要求。要发射当时的主流卫星——重2.5~3吨的大家伙，必须研制新型大型运载火箭，才有可能占有部分国际发射市场。

运载能力是指火箭能够将卫星送入预定轨道的最大重量。如果把火箭比作一个人，就是指这个人到达目的地最多能拿的东西的重量。为适应国际新一代卫星发射的需要，中国正式宣布，要研制一种新型大推力火箭。

1986年，在航天一院内，提高火箭推力的方案在逐步酝酿、探讨中。刘竹生和同事们深入探讨了提高火箭运载能力的方法和途径，最后浓缩成三种途径和三张原理草图：

一是研制一种新型大推力火箭发动机，这种方法的利弊是：研制一种新型发动机实现起来周期长，费用多，难度大，但火箭结构没有发生重大变化。

二是在已有的经过飞行考验过的火箭上加一级火箭，这种方法的利弊是：实现起来比起第一种方法，研制周期会大大缩短，费用也相对低，难度会小一些，但是，由于火箭级数的增加，会增加高空点火次数，有可能降低火箭的可靠性。

第三种办法是在现有的可靠性极高的长征二号丙运载火箭的基础上，并联几个小火箭，达到增加运载能力、发射大重量卫星的目的。这种方法的优势是：既可保证设计的可靠性，在技术上有很好的继承性，又可以在短期内投入使用，但难度主要在于捆绑小火箭这种技术在我国还是空白。

三种方法，三种思路，各有千秋。尤其是最后一种捆绑技术，优势更大一些，是提高火箭运载能力的有效途径，世界上已经有航天大国掌握了该项技术。发展捆绑技术，既可以充分利用已掌握的成熟技术，节省研制经费，缩短研制周期，也可为我国载人航天储备技术，提供物质技术条件。

经过缜密的思考，一院最终选择了第三种技术方案。

1987 年 6 月 20 日，一部完成总体方案可行性论证报告。7 月，一院正式向上级报送捆绑式火箭总体方案，火箭被命名为“长征二号捆绑式运载火箭（长征二号 E 运载火箭）”，简称“长二捆”火箭，近地轨道运载能力为 8.8 吨。航天部科技委进行了全面评审，认为“长二捆”火箭的总体及各分系统的方案基本可行。不久，航天部发出通知，指出捆绑技术是发展中国航天技术的必由之路，同意一院贷款进行技术攻关、研究试验和方案论证工作。

10 月 21 日，一院根据上级指示，并就总体方案、研制项目和计划进度，做了协调安排。至此，“长二捆”火箭研制工作正式全面展开。

新征程，新挑战！尽管这个新型火箭的研制难度较大，但刘竹生并不畏惧。

黄沙百战穿金甲，不破楼兰终不还！

在国际航天发射市场的舞台上，刘竹生坚信，注定要有一个来自世界东方的席位，那就是：中国航天；在捆绑技术的领域里，注定要有一个黑头发、黄皮肤民族的一席之地，那就是：中国航天！

刘竹生（右一）与外宾合影留念

刘竹生

刘竹生院士传记

Academician Liu Zhusheng's Biography

第七章

捆绑火箭

火箭研制和绘画有相似之处，绘画时，在落笔之前必须构思好要画的东西，这叫意在笔先。研制火箭也一样，在开始造火箭之前，设计思路早就有了。

——刘竹生

1. 重任在肩

1988 年 7 月，一天傍晚，当太阳还挂在天边，依依不舍地不肯落去的时候，刘竹生跑进家门，顾不上满身的汗水，一边往屋里走，一边高声地对妻子说："丽珍，中标了，我们中标了！"

王丽珍看到丈夫一反往日不苟言笑的常态，笑容满面，有点摸不着头脑，笑着说："什么中标了？瞧把你高兴的，莫非你中了头彩了？"

"嘿，还真是中了头彩了，不是我，是我们长二捆火箭中标澳星发射了！"刘竹生一脸的自豪。

妻子虽然不知道这到底是个什么项目，但从丈夫的表情和语调上判断，这个项目一定很重要。

确实如此，"长二捆"火箭拿着草图赢得合同的故事，在世界航天史上，也是一段不可多得的传奇。

20 世纪 80 年代开始，中国火箭投入国际市场。当时的国际市场卫星一般都在 2.5 吨以上，为开拓国际市场，满足国际市场卫星发射的要求，一院开始研制大推力的长二捆火箭。而就在这个新型号火箭还处在设计阶段的时候，为了尽快进入国际市场，负责市场推广的中国航天人，手拿草图，走访了十几个国家，开展广泛的宣传和推销。功夫不负有心人，澳大利亚奥普图斯通信卫星公司向中国火箭伸出了橄榄枝。

刘竹生绘声绘色地跟妻子讲述着中国航天人凭借草图闯天下、广为推介签合同的故事，却听见旁边一个细细的声音响起：“他们为什么会选我们的火箭，是我们的火箭比别人的好吗？”

刘竹生回头一看，两个孩子都在一旁静静地聆听，发问的是小女儿蕞尔——刘竹生的第二个女儿，出生于1974年2月26日。此时，14岁的小女儿瞪着一双好奇的大眼睛，不解地盯着爸爸问。

刘竹生拍拍小女儿的头，亲切地说：“我们的长二捆火箭，质量好，价格低，人家当然喜欢了！”

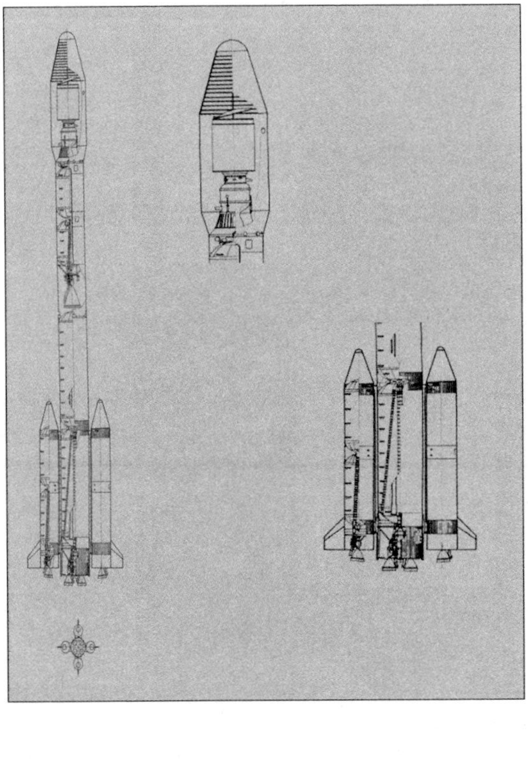

刘竹生绘制的“长二捆”火箭草图

刘竹生此言不虚。“长二捆”火箭是由可靠性极高的“长二丙”火箭改进而来，其前身“长二丙”火箭的可靠性高，成功率达100%，举世罕见。因而，外国卫星公司据此推测，由此改进的“长二捆”火箭一定也不差。同时，中国的火箭发射价格低于当时国际市场价。美国的“大力神”火箭发射一次要1亿多美元，而中国的火箭发射要价只有2500万美元。此时正值国际市场低迷时期，即使中国的“长二捆”火箭还处在纸上谈兵的设计阶段，尽管在没有现成火箭和成功先例的情况下，一些明智的商家还是选择了中国航天。

听到这儿，蓦尔似乎明白了一些，笑笑说：“看样子机会是千载难逢呀！”

大女儿莞尔看着父亲说：“前阵子您天天回家那么晚，就是为了这个项目吧？”

刘竹生皱了皱眉头说：“是呀，有很多技术难题需要解决。”

刘竹生愧疚地看着妻子，郑重其事地说：“我总加班，很少顾得上家，和国外签了合同以后，可能会更忙，加班更多，家里这边就辛苦你了。”

王丽珍笑了笑，轻松地说：“咳，知道你任务多，又不是一天两天了，早都习惯了，比起过去，我们现在好多了。”是啊，认识之初，刘竹生和王丽珍各在一方，虽然北京和天津距离不算远，但也得一两个星期才能见一面。而在军垦的三年里，都是这位贤妻独自在家带孩子，柴米油盐，锅碗瓢盆，全都是独自承担。现在，家人团聚了，可长年累月的加班，也让刘竹生对妻子心生愧疚。

“没事儿，都过来了，现在这点活儿算得了啥。”仿佛洞彻刘竹生的内心世界，王丽珍又体贴地叮嘱了几句：“我支持你，支持你的火箭事业，放心工作吧！”

刘竹生欣慰地笑了。作为航天人的家属，她的功劳也是不小的啊！

有了贤妻无条件的支持，刘竹生可以微笑着全身心地投入到工作中。但，随即而来的工作压力，让他的脸上笑容渐失。

尽管 1988 年 11 月 1 日与外商签订了合同，但这份合同的个别条件比较苛刻——“长二捆”火箭必须在 1990 年 6 月 30 日之前，就是“澳星”发射的前一年，立在发射场上，并进行一次正常的飞行试验，以证实其安全可靠。如果飞行试验失败，或无正当理由推迟发射，休斯公司则有权终止合同，并罚款 100 万美元。也就是说，这种新型火箭——“长二捆”火箭必须在 20 个月内研制出来并发射成功。

刘竹生知道，休斯公司的火箭专家史密斯先生得知中国的“长二捆”火箭目前只有草图、尚未成形时，不禁话语中明显带着不信任：“这样大的火箭研制项目，如果在美国，至少要三四年的研发时间，你们合同上却写一年半，让人不敢相信。”并轻蔑地说：“你们是不是吃了鸦片，产生了幻觉？”刁蛮的话语，深深刺痛了刘竹生和同事们的心。不仅如此，欧盟的阿里安航天公司甚至做好了中国航天发射失败后如何接盘的准备，据说连合同都拟好了。而此时在国内，该火箭的研制，一不是上级下达的任务，二无上级拨款，而是属于航天人自己从国际上寻找来的项目，研制资金成了一个大难题。而火箭捆绑技术在国内尚属空白，没有经验可以借鉴……

内忧外困，骑虎难下！

经过深思熟虑，一院决定：贷款搞科研！然而，时间飞逝，等条件基本具备、火箭研制即将开展之际，离合同规定的第一次试验发射时间只剩下18个月了！

18个月，546个日日夜夜，将一个设计中的火箭研制出来并试射成功，中国航天，能完成这种不可思议的重任吗？

此时，发生在中华大地的许多事情，一点一滴地激励着赤诚的航天人。听说是研制新式火箭走出国门，国家银行贷款顺利下拨；听说是支持“长二捆”工程研制，数百家企业摩拳擦掌，准备赶制零配件；听说中国火箭走向世界发射卫星缺钱，有的小学生把自己长期积攒下来的零花钱寄了过来……

这点点滴滴，刘竹生看在眼里，记在心头！善良的中国人，质朴的中国人，厚道的中国人！面对未来的重重压力，刘竹生和同事们昂首挺胸。

步入国际大门，中国的航天人岂能退缩！

开拓世界市场，自信的航天人勇往直前！

2. 攻克难关

18个月，546个日日夜夜。

按照系统管理的科学规划，摆在“长二捆”火箭研制者面前的是一张按常规无法实现的时间表。

它要求设计部门在100天内解决火箭结构动力学耦合分析、捆绑连接、助推器分离等20项技术难题，完成全套40多万张设计图纸；它要求生产部门要在400天内生产出5000多套特殊工装，生产出几十个部段和十几万个零件；它要求试验部门要在180天内做完火箭仿真、分系统、综合匹配试验和助推器捆绑分离、全箭振动、整流罩分离等300多项地面试验。按常规，完成这些任务至少需要6年以上的时间，但目前，只有以往四分之一的时间！

“长二捆”火箭是在“长二丙”火箭的基础上增加四台助推火箭（也称助推器）改进而来，其近地轨道设计运载能力为9.5吨，地球同步轨道为3吨（后达到4.8吨），而“长二丙”火箭的近地轨道运载能力只有2.5吨。捆绑助推器技术是一项世界级高难技术，国内对此还是空白。捆绑上助推器，火箭飞行受力状况变得十分复杂，设计或制造上如果有一丁点儿处理不当，火箭就可能在空中翻跟头，甚至“散花”，造成的损失将是巨大的。

简单地说，捆绑式火箭就是在一枚大火箭周围捆绑几枚小火箭，单从理论上讲似乎并不难，但要付诸实践，难度相当大。

以往发射的时候，火箭像是沿着一条平滑曲线运动，因为速度快，寻常人

刘竹生在办公室专心画设计图

看不出火箭在颤动。实际上，火箭在飞行过程中一直在颤动，只要颤动的幅度控制在一定范围之内，火箭就可以正常飞行，否则就会被震坏。

火箭飞行过程中受到来自各方向力的作用，有发动机点火产生的推力，有高速气流对火箭产生的冲击力，有火箭内部结构之间的拉伸力和挤压力，还有推进剂晃动产生的惯性力……过去火箭只是一根光杆，不带助推器，力学特性比较简单，振动模态非常直观。现在增加四台助推器，振型变得异常复杂。每台助推器都会发生振动，存在不同的振型，呈现出一阶、二阶和三阶振形分布，几种振型混合作用。如果产生共振，就更加复杂。所以必须把振动幅度控制在合理的范围之内。

在这个大项目中，刘竹生负责承担并联助推器捆绑分离系统设计的研制任务。在周期短、经费少、资料缺的情况下，刘竹生等人像上了发条的机器一样，铆足了劲，和时间展开赛跑。

一改过去那种串联的工作模式。几项工作并行展开，分头行动。在查阅资料的同时进行方案设计，边设计，边试验。刚画好一张草图，立刻就拿去进行加工，一个工时干出过去两个工时的活儿，而不像过去那样等正式图纸出来再加工。在车间进行零件加工、装配时，刘竹生常在现场盯着，出现问题，及时解决。

要将助推器与芯级火箭捆绑连接好，需在6个自由度上限制助推器摆动，除了空间3个维度外，还要考虑俯仰、偏航和滚动等维度的运动。为了防止助推器前后晃动，刘竹生在助推器与芯级火箭之间加装连接杆装置。为了将助推器捆绑牢固，连接杆接得越多越好。然而，助推器在空中还要与主火箭分开，这又要求连接杆接得越少越好。

刘竹生找到一院十九所情报室，查阅美国航天飞机的相关技术资料，从中了解到，航天飞机上的两台固体火箭与主火箭之间使用的是爆炸螺栓分离结构。

连接杆的两端放置炸药，从两边引出引信。连接杆中部使用一种合金材料，叫铅化锑。从火药的两边同时点火，引信引着后，引起爆炸。爆破波一直往前冲，冲到中间的薄弱地方后，把连接杆抻开，实现固体火箭与主体火箭分离的目的。为了防止在实际飞行中发生引信没点着的情况，航天飞机上固体助推器与芯级的连接装置，设计成从两头同时点燃火药的方式，以增加助推器分离的可靠性。但是，还不能照搬美国航天飞机的连接结构。刘竹生了解到，在我国，铅化锑这种合金材料，技术上还不过关，所以必须根据自己的实际情况，研究出一种新的连接结构。

按工程要求，刘竹生设计助推器与芯级之间的连接分离系统。为了阻止助推器上下晃动，刘竹生在助推器的上、下两端各安装一个连接装置与芯级火箭连接。这还不够，为了限制助推器左右晃动，在助推器上端还要安装两个连接装置才行，这样就形成了三点连接的稳定结构。

助推器总算是捆牢了，下一步还必须考虑“分开”的问题。助推器在火箭飞行后 160 秒时，也就是飞行两分多钟，在助推器推进剂耗尽时必须迅速与火箭分离，如果它不能够干净利落地与主火箭分离，就会连累火箭飞行，改变火箭的飞行轨迹，造成飞行失败。

助推器通过杆系结构同芯级火箭连接。当助推器发动机关机时，连接杆上的爆炸螺栓和分离螺母分别解锁。位于上边的三个连接杆，杆内各装两个爆炸螺栓，用螺母拧上。为了防止爆炸螺栓出故障，从炸药两头引出引信，只要有一个引信成功起爆，连接杆就能被炸开。而助推器下边与芯级火箭连接的球头结构，不能设计得和上边的连接杆一样。为了便于助推器分离，球窝与球头栓相连，球头结构外边是个窝槽，窝槽里边装上火工品，就是炸药，当炸药起爆时，球头就会顺利地从球窝里拔出来，助推器就可以分开了。这样既可以不改变原来芯级火箭的结构，又可以使助推器发挥助推的作用，推动火箭前进。

刘竹生在会上讲述分离方案

虽然说这个连接分离系统做得已经很精细了，但是，为了使这套系统更加精确，刘竹生把试验数据拿到北京航空航天大学（原北京航空学院），进行有限元计算。

经过反复试验，刘竹生负责研制的助推器捆绑分离系统大功告成！而此时，距离合同到期只剩下了两个月。

虽然疲惫，但辛苦的付出得到了丰硕的回报，刘竹生欣慰不已。

这项技术为我国捆绑火箭的研制成功奠定了雄厚的基础，其技术成果获部级科学技术进步奖一等奖。

3. 迫在眉睫

1990 年，4 月的北京，春意盎然，生机勃勃。

“长二捆”火箭准备就绪，刘竹生接到去发射场参加火箭合练的通知。和其他参试队员一样，刘竹生拉着行李箱大踏步地向站台走去，即将奔赴西昌卫星发射中心。刚到站台，刘竹生听到有人喊：“老刘，你等等，你不能走。”刘竹生回头一看，是院长王永志。刘竹生深知，王院长是一位技术专家，思路新颖，作风扎实，将长征火箭投入国际发射服务市场的想法与自己不谋而合，在“长二捆”火箭技术上更是一路引领、科学规划。

刘竹生急忙赶上去：“院长，怎么了，出什么事了？”王永志着急地说：“整流罩分离系统还有问题，你不能走，得留下来解决问题。”“好，没问题！”刘竹生二话没说，痛快地答应下来。

有一位与刘竹生关系不错的同事悄声劝阻道：“你这个刘竹竿，是不是脑子有问题，都到啥时候了，你还接这任务，成功了还好说，如果出了问题，就是你的责任。”刘竹生憨厚地笑了笑说：“咳，我还真没想这么多，领导让咱干咱就干呗，这不是领导信任咱嘛。”

其实，同事的劝阻也不无道理，整流罩分离项目原来并不归刘竹生管，是由别人负责的，试验一直没有成功。如果现在刘竹生介入了，成败的责任就落在了他的头上。

成败事关得失荣辱，岂能儿戏！

谁知道刘竹生并不听劝阻，不仅介入课题，而且还当上了该项目的负责人。和一位老同志李长纯、一位年轻人张庆伟搭帮，组成了三人研究小组。

刘竹生首先对研制任务进行分工，张庆伟对计算机比较熟悉，负责制作计算机模型与仿真，主要结构设计与实施由刘竹生和李长纯负责。

发射运载火箭的目的就是把有效载荷送入太空预定轨道。运载火箭好比一辆汽车，有效载荷好比乘坐汽车的乘客，运载火箭运送的有效载荷通常有卫星，也有飞船。运载火箭把卫星送到太空预定轨道以后，就算完成任务了，而后，卫星将按预定轨道自行运转，完成指定任务，比如通信、导航、对地观测等。

当火箭穿越大气层时，火箭顶部的整流罩用来保护卫星免受大气层内恶劣环境的干扰，为卫星提供一个良好的环境。当火箭穿越大气层时，火箭与空气

刘竹生（右）和张庆伟（左）进行故障原因分析

会产生摩擦，而且摩擦力会很大，火箭表面温度会升得非常高，达到 1500 摄氏度以上。为了防止有效载荷被损坏，把卫星装进一个坚固的壳里。这个壳就是整流罩。一旦火箭穿过大气层进入太空，摩擦力就不存在了，这时，整流罩就成为累赘，必须将其抛掉。

所以，整流罩一般设计成两瓣结构。当火箭飞出大气层时，整流罩应该像绽开的花朵一样打开，并被抛掉。

在太空中，空气非常稀薄，可以忽略不计。地面和太空不一样，有很强的空气阻力。过去，设计人员曾考虑过利用气囊膨胀的方法将整流罩打开，因为这次的整流罩太大，力度很难控制，鼓起的气囊能把螺栓撑断，但使整流罩抛开的力不够。研究进入瓶颈，难以开展下去。领导对整流罩分离进展非常关注，在这种情况下，刘竹生接下了此项任务。

白天想，晚上想，睡觉醒来还琢磨，刘竹生像中了魔似的，甚至梦里经常梦到整流罩分离的问题。

非常事件不能按常规来处理。领导指示，该项任务作为现阶段的头等大事，生产车间随时配合设计，可以跳过工艺审查的工序，拟好设计方案可以直接通知工厂进行加工。过去，设计人员必须拿正式蓝图才可以生产，现在，刘竹生拿着白图（草图）就可以到生产车间直接要求进行加工和装配，因为等蓝图出来再加工还要耽误一些时间。

整流罩新方案的分离装置终于赶制出来了。可是，一做试验，一瓣分开了，另一瓣动了一下，又弹了回去。试验没成功。

整流罩抛罩过程正常应按下列步骤进行：解锁—翻转—分离，然后抛罩。横向上整流罩与二子级通过 12 个爆炸螺栓连接，纵向上两瓣整流罩由一根导爆索和 4 个纵向爆炸螺栓连接。抛罩时，12 个横向爆炸螺栓和 4 个纵向爆炸螺栓先解爆，然后纵向导爆索解爆，安装在二子级前端框上的分离弹簧将两半整流罩推开后分离。两半整流罩围绕二子级前端框上的铰链翻转，随火箭加速上升，整流罩分离下落。

试验失败后，刘竹生仔仔细细、一遍一遍地审查自己的设计方案，一张图纸、一张图纸地逐个筛查。症状明明看得清清楚楚，却找不出原因，犹如医生给病人看病，明明知道病人哪个部位难受，但医生却说不出具体原因。

静下心来，刘竹生提醒自己，此时此刻，决不能乱了阵脚。冷静客观，是科学研究的基本要求。在纷乱之中冷静心智，细细体悟，也许就能一扫浮躁喧嚣，烛透现象，探究本质……

稳住心神，再来一次。

刘竹生先让张庆伟检查计算环节上的疏漏，检查结果很快出来了，每一步

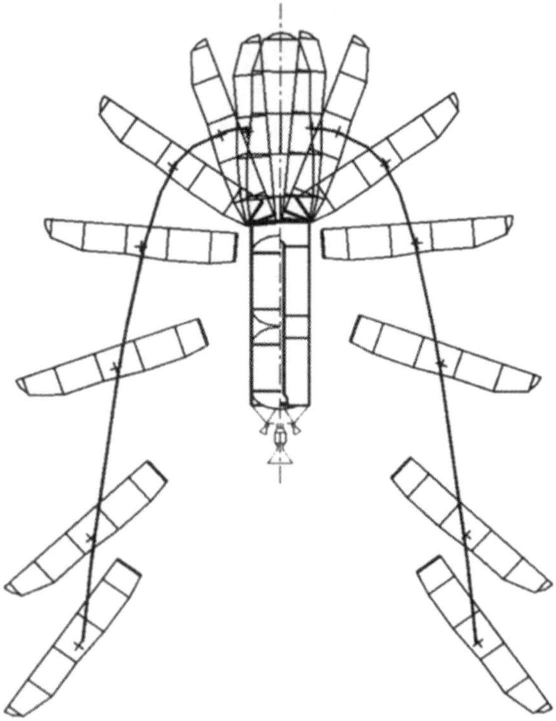

整流罩分离轨迹示意图

都是按要求和程序计算出来的，没有差错。然后，刘竹生和李长纯检查图纸，也没有发现问题。

刘竹生盯着整流罩实物观察时，突然发现，表面上对称的两半整流罩，内部结构分布却有细微的区别，不仔细看绝对看不出来。在整流罩两个半罩上的分离接头不一样，加之接头很长，重量一定差别很大。刘竹生觉得很可能这就是症结所在，但要确认，还得做一些试验。

刘竹生找来课题组其他两位同志，指着分离接头问张庆伟："整流罩的质心是怎么计算的？进行实际测量了吗？这个接头考虑到没有？"

张庆伟若有所思地说："整流罩的质心，我是按照标准的均匀结构计算出来的，计算时没有考虑分离接头的影响。"

此时，距离合同规定的发射日期只有短短的二十多天了。

本以为找到症结了，课题组成员很是高兴，下一步就可以对症下药，集中力量打“歼灭战”了。他们根据新的发现找到计量部门，测出质心的准确位置，其结果和按均匀体计算的质心一比对，相差很大。他们又根据新的数据重新做设计，赶制设计图纸，然后交给工厂加工，一环紧扣一环，加工好了马上做试验。

经过这么一番紧锣密鼓的折腾，刘竹生又一次站在试验现场，等待成功时刻的到来。令大家万万想不到的事情又一次发生了，试验失败了，和前一次一样，半面整流罩打开了一半又弹了回去。

此时，距离合同规定的发射日期只有十多天了。

刘竹生有些沉不住气了。难道真的攻克不了这个难关？难道真的就只能停步不前？难道中国的火箭技术注定只能徘徊在国内？为什么，不都说皇天不负有心人吗？为什么这么长时间的付出却没有结果？困惑、迷茫，一时之间，齐聚心头。刘竹生有点泄气了。

但，看看身旁一老一少两位同事，刘竹生又不得不振作精神。如果此时自己乱了阵脚，让身边的两位同事怎么办？这个课题怎么办？稳住，稳住！刘竹生不停地给自己打气。

临危不乱方显豪迈，猝然不惊才是英雄本色。刘竹生深吸一口气，组织课题组成员再次找回设计图纸查阅，观看试验录像。他们坐下来讨论分析试验失败的原因，提出出现问题的所有可能性。刘竹生提出了一个想法，整流罩的重心要超过轴心，只有超过轴心，才会翻转过去。但是，造成重心不能超过轴心的根源在哪里呢？怎么解决呢？

回家后，刘竹生满脑子还是课题。夜晚，刘竹生在床上翻来覆去地睡不着，刚刚打个盹儿，就醒了。他思考白天讨论的内容。目前整流罩分离使用的是纵向分离装置，切断螺钉过程会消耗能量，从而造成重心前移，会移动一定距离，可现在又不能更换原有的这套装置。怎样在原有的基础上进行更改呢？力量不够，整流罩就会弹回来，白天已经把问题提了出来，却没有想出好的解决办法。刘竹生顺着这个思路继续思考，可否装一个装置，在整流罩碰转轴的一瞬间将它固定，阻止整流罩回弹不就可以了吗？

想到这里，刘竹生一轱辘从床上爬起来，披上衣服往楼上跑，敲响五楼李长纯家的门。很快，刘竹生听到有人问："谁？"刘竹生毫不迟疑地说："是我，老刘。"李长纯立刻打开房门，对刘竹生开玩笑道："你周扒皮呀，都几点了？"

"嗯？"刘竹生环顾一下四周，"噢！"他这才意识到此时正是深更半夜。看到刘竹生高兴的样子，李长纯说道："有主意了，对吧？"刘竹生点点头。

伴着满天星斗，刘竹生和李长纯深夜赶到了办公室，一边讨论，一边画图。不知道过了多长时间，正当两人聚精会神地画设计图样时，一抬头，看见同事走了进来，看看窗外，天已经大亮。

设计图纸画好了，刘竹生联系好工厂调度，拿着手绘的白图赶到工厂，指着图纸把方案跟工人师傅们一说，师傅们立刻行动。

工人师傅们日夜奋战，按照新的设计思路取下整流罩内的接头，再连接好新的线路，装上炸药。加工新零件，并焊接在要求的位置上。连续几个昼夜，刘竹生陪伴在工人师傅们身旁，整流罩终于完成改装。试验，又一次在人们的热切期盼中开始了。

似乎在意料之中，这次，两瓣整流罩打开得非常干脆利索，成功了！一种绝地逢生的感觉从刘竹生心头升起！看着身边同事欢呼雀跃的高兴场景，他有一种打赢一场硬仗的感觉，畅快淋漓！

三天以后，又做了一次试验。和前一次一样，整流罩分离得轻松、流畅。

荡胸生层云，决眦入归鸟。会当凌绝顶，一览众山小！

4. 紧急抢险

攻克了难题的刘竹生并不轻松。

两次整流罩分离试验之后，距离合同规定的发射日期只有一周时间。此时把组装好的整流罩用火车运往发射场已经来不及了。相比之下，飞往发射场地，对原有的整流罩进行改造，是最快的方案。

在长二捆火箭总设计师王德臣的催促之下，刘竹生带上几大箱工具，乘飞

整流罩分离试验

机火速前往基地。过去，曾经规定试验队员和货物不能乘坐同一架飞机，怕的是飞机万一出事，人和物的损失太大。但这次，时间太紧急了，为了保证火箭按期发射，经领导特批，技术人员、工人，连同设备乘同一架飞机奔赴发射场！

在机场，刘竹生经历了不少小插曲。先是携带的大箱子被机场管理人员拦下，经过好一番解释，拿出免检信件，才得以放行。然后，装载接头和零部件的大木箱子过于沉重，集中放置压力太大，导致传送带超过负荷，停止转动，只能分批次地把箱子放到传送带上。抬上抬下，搬来搬去，刘竹生他们汗流如注……

到达西昌卫星发射中心后，没作任何停留和休息，刘竹生一行人风尘仆仆地直接奔赴“长二捆”火箭发射场技术区。

发射场四周高山环绕，松杉葱茏，绿茵蓬岸，田畴如画。威严、雄伟的“长二捆”火箭伫立在技术区。刚下汽车，总师王德臣一边跟刘竹生握手，一边热情而急切地说：“你们可来了，急坏我们了。”

打开木箱，找到工具，刘竹生和试验队员们开始了整流罩的改造工作。指着整流罩内部结构，刘竹生有条不紊地布置具体拆装任务：“这个接头拆下来，那个管线拆掉，将这个部件装在这里……”

窗外由亮变暗，月亮偷偷地爬上山头，窗外又

安装整流罩

由暗变亮，太阳悄悄地升起在东方。整整干了 50 多个小时，刘竹生设计的整流罩分离装置终于改装完毕。卫星带好了整流罩这个头盔，由高大的“长二捆”火箭托举着，屹立在发射场上，整装待发。

1990 年 6 月 29 日，合同规定时限的前一天，“长二捆”火箭竖立在西昌卫星发射中心，前来观看发射的史密斯先生看着眼前的“长二捆”火箭，不好意思地对总师王德臣说，你们说对了，我们说错了，你们的火箭完成了，虽然还没有发射，但你们能将火箭立在发射塔上就是一个奇迹。在火箭发射的前一天晚上，刘竹生吃过晚饭，来到长二捆火箭旁边，正巧碰上一位老相识——工人师傅魏文举。两人不觉聊了起来。刘竹生和魏文举十多年前就认识。当年，魏文举是 211 厂宣传队的成员，会拉小提琴。那时，厂里要求宣传队突击排练样板戏，演出《红灯记》《智取威虎山》等。工厂请刘竹生帮助制作布景，画幻灯片。幻灯片的内容不能按自己的意愿随便更改和设计，必须按照剧本原样画出来。条件十分简陋，幻灯机离幕布特别近，放映时图像很容易变形。于是，他们想了不少办法，利用光学原理调整幻灯片上下的比例，解决了图像变形问题。还有，在演《智取威虎山》时，在台面的柱子上挂了一盏煤油灯，当杨子荣举

刘竹生（左）和王德臣（右）等在西昌卫星发射中心

起枪朝灯的方向一指时，“嘭”的一声，灯灭了，同时灯也破了。为了实现这个效果，体现英雄人物高大形象的场景，他们想了不少办法。台子后边躲个人，杨子荣一举枪，那个人立刻扔砸炮。将柱子上挂着的煤油灯做成半面好的，半面破的。枪一响，躲在柱子后面的人负责拽绳子，控制灯旋转 180 度。这样，观众看到的效果就是枪一响，灯破了。后来，魏文举因为在总装车间工作，刘竹生和他接触得更多了。刘竹生经常因为工作找魏文举处理问题，魏文举经验丰富，干出的活儿质量好。

刘竹生感叹道：“时间过得真快，搭台子演样板戏的情景似乎就在昨天。”接着又问道：“你现在还拉小提琴吗？”

魏文举笑了：“偶尔吧，到总装车间后任务多了，工作忙了，琴拉得就少了。”接着感慨道：“当初，多亏了你，要不是你帮助我们画幕布，出主意，我们厂的演出不会那么受欢迎。”

刘竹生谦和地摆摆手：“咳，当初我也是觉得有意思，后来，在总装车间，不是你的紧密配合，我们好些活儿也不可能完成得那么快、那么好……”

刘竹生暗想：个人的力量是有限的，如果没有大家的支持和配合，单凭个人的力量，很难成就一番事业。

第二天，1990年7月9日。天蒙蒙亮，刘竹生早早地起床，对当天长二捆火箭的发射，心里不知怎的，总感到不踏实。虽然事先已经进行了全面测试，结果也是合格的。但是，这次任务确实太紧急，从原材料进货、加工、装配、试验到出厂，虽然所有设计人员和工人都尽量把工作做细、做好，但中国航天毕竟进入国际市场没几年，长二捆火箭又是个全新的型号。过去计划经济时，航天的零部件来源是按照军标购买，比国标还要高很多。改革开放以后，经济搞活了，零部件的进货渠道多了，但航天产品的要求没有降低。如果对零部件的检测有一点点疏漏，那后果将不堪设想。

太阳升高了，阳光洒满大地。

刘竹生看到，此时的地面温度升至37摄氏度多，这不符合推进剂加注的温度要求——按规定，气温应控制在20摄氏度以内。温度过高的话，推进剂的密度就会降低，加注量就不足，运载能力会达不到设计要求。因此，在推进剂加注之前，必须先对推进剂进行降温处理。

这一次，推进剂加注以后，火箭里面温度低，外面温度高。正逢雨季，空气湿度很大，火箭表面结满了露水，像被水洗过似地“哗哗”地往下流。舱外流水还好说，舱内也在流水。过去发射时从未未遇到过这种情况，现场气氛立刻变得十分紧张。

舱内结构复杂，多余的水珠既可能影响发动机点火，也可能影响元器件正常工作，还可能影响飞行数据传输。总师王德臣当机立断：“不要慌，它不是流

整装待发的“长二捆”火箭

汗吗，我们就给它擦汗。”于是，试验队员们手拿毛巾、棉被擦拭火箭，吸干了水珠。

在发射前的例行检查中，有人发现，控制系统有漏电现象。总指挥王永志果断宣布：“立刻进行抢修，推迟发射。”

7月13日，“长二捆”火箭竖立在发射塔架上，接受发射前的最后一次体检。

忽然，一名战士喊了起来：“快看，推进剂贮箱下面有东西往外渗！”大家定睛一看，果然那里“嗞嗞”往外漏气。大家都惊呆了，现场异常安静，“嗞嗞”漏气的声音变得更加刺耳。经检查，漏出的气体是从压力传感器的位置冒出来的。

如何处理？大家的意见大相径庭。一部分人主张取消发射，把火箭拉回北京处理，理由是，现场处理问题难度太大，危险很大。另一部分人主张在现场解决问题，更换和修理传感器，理由是，现场解决问题难度虽然很大，但终归能够解决，如果火箭运回北京，一是推迟发射会违反国际合同，造成巨大的经济损失，还会影响中国航天业的信誉。

双方各执一词，互不相让。

总指挥王永志严肃而又坚定地对大家说："更换传感器，立刻！"

长二捆火箭使用的推进剂是四氧化二氮和偏二甲肼，四氧化二氮有强烈的腐蚀性，偏二甲肼有剧毒。此时，推进剂已经加注完成，如果修理传感器，必须先将贮箱里数十吨重的推进剂泄出，再用氮气置换掉挥发的有毒气体才能更换，这可是一项大工程。推进剂泄出后，残留在贮箱里的有毒气体四氧化二氮和偏二甲肼的浓度仍然很高，很难置换干净。

然而，要更换传感器，就必须有人佩戴防毒面具，进入充满毒气的舱段里，取下有问题的传感器，换上新传感器。这是一项相当危险的工作，在取下旧传感器的过程中，贮箱内的有毒气体会从连接口冒出来。有毒气体对呼吸道伤害很大，如果吸到肺里，所形成的硝酸能把呼吸道烧烂，甚至有生命危险。

生死攸关的时刻，居然就这么切切实实地摆在眼前！

这时，工人师傅陈立忠主动站出来，坚定地说："我是抢险组组长，我来！"话音未落，另一名工人尹少真师傅接着说："我配合你。"两名工人带好防毒面具，冲进了充满毒气的舱段里。

外边，救护车在一旁整齐待命。

不一会儿，两名工人师傅从火箭里钻了出来，摘下防毒面具。其中一位师傅上气不接下气地边咳嗽边说："里面太呛，实在受不了了，换好了一个传感器，还有七个需要更换。"

50 来岁的老师傅陆阿宏站了出来，说："我来！"又一名工人师傅随即开口：

“我来配合你。”站在一旁的同事关心地说：“你不是血压高，最近总头晕吗，就别去了。”一位年轻的战士在一旁悄悄地带好防毒面具说：“我上吧。”这时，另一位老师傅站了出来，坚定地说：“我经验多一些，还是我上吧。”原来是大魏！

大魏——魏文举并没有被要求承担发射场抢修抢险的工作，如果他不站出来，也不会受到大家的指责，而此刻他的挺身而出，让大家十分敬佩。戴上防毒面具，魏文举毅然地钻进充满毒气的推进剂贮箱。人们紧张地在外边从观测窗口观察。魏文举把工具一一递给陆阿宏。

突然，有人声音有些颤抖地喊：“你们看，大魏怎么了？”周围的人马上察觉到，魏文举好像不对劲，身子在往下倒。现场指挥员立刻命令：“赶紧拉出来！”大家七手八脚地把魏师傅从舱段中拉了出来，此时他已经昏迷，被立即送往附近的西昌医院。

氧化剂泄漏故障排除后，再一次的功能检查显示，火箭各项指标均在正常范围内。

1990年7月16日9时40分，“长二捆”火箭点火发射。高大的火箭拔地而起，震撼山谷，直冲云天——发射成功了！火箭搭载的一颗模拟星和一颗巴基斯坦卫星也准确入轨。

18个月航天人的苦和累，全部消融在航天人、乃至全国人民朗朗的笑声里。

9月19日，奥普图斯通信卫星公司与休斯公司联合组成18人代表团来到中国，对7月16日这次试验性发射写下了“满意”二字。于是，中、美、澳三方决定：1992年，在西昌发射真正的“澳星”。那位美国专家史密斯找到中国航天人，坦承自己的错误：“我错了，中国的航天人，了不起！”

刘竹生理解，这位老外原先的话并不是故意侮辱，只是，老外们怎么能理解中国航天人呢，怎么能理解研制“长二捆”火箭背水一战的艰辛与困苦呢！这546个日日夜夜，刘竹生和许许多多航天工作者，夜以继日地与时间赛跑，背负着巨大的压力，挑战着身体与心理的极限。

正是数万人集体的巨大付出，才赢得这么巨大的成果，才能在 18 个月内突破助推火箭的捆绑技术，这是一项伟大的创造。

然而，身在其中的刘竹生并不居功。他最难忘记的却是那一天，7 月 13 日的上午，为了更换传感器，工人师傅们争先恐后地进入充满毒气的舱段，先后有 23 人中毒，其中有 5 人被医院发出了病危通知书。老工人魏文举，由于中毒严重，经抢救无效，壮烈牺牲。

曾经，刘竹生和魏文举在一起，不知度过了多少个不眠之夜，两人相互尊重，很是投缘。就在前一天，他还和魏文举聊天，畅谈往昔，追忆当年；就在前一天，两人还一起散步，这魏文举憨厚的音容笑貌宛若眼前，响亮的话语还在耳边……

魏文举，你真了不起！我们一定会努力，为了祖国，也为了你！中国航天的未来，一定会傲居世界前列，因为，我们还有千千万万个你！

魏文举，且请安息！

刘竹生

刘竹生院士传记

Academician Liu Zhusheng's Biography

第八章 迎难而上

看似复杂的问题，其实静下心来细细分析，很可能用日常的物理常识就可以一一解决。只要办法想对了，就不难解决。知识啊，就是要学会应用，要活学活用。

——刘竹生

1. 险中有险

首发成功，全国振奋！

看到身边一张张喜悦的笑脸，看到行业内外欢呼雀跃的身影，刘竹生并没有太多的激动。相反，在内心深处，他还有一些遗憾。亲眼看到了在发射现场出现的种种状况，他知道，火箭仍然存在一些质量问题，包括元器件和设计上的问题。前路漫漫，不可懈怠！

1991年5月，春花烂漫时节，刘竹生被任命为航空航天工业部一院总体设计部总体研究室副主任，除了负责“长二捆”火箭项目的研制工作，还负责室里的日常管理工作。在工作中，他更加注重质量问题，加强设计质量的管理。

1992年年初，中、美双方代表汇聚西昌卫星发射中心，共进行9轮技术协调会，讨论并解决了星箭对接、分离等500多个技术问题。1992年1月30日，美国休斯公司将4.6吨重的“澳星”运抵西昌卫星发射中心。下了飞机，卫星被送往发射场为它特别建造的洁净度很高的厂房接受测试检查。

3月的西昌卫星发射中心，绿荫环绕，春意盎然。在技术检测大厅，“澳星”

对接现场，人头攒动。宛若送女出嫁，宛若新人迎亲，送行的和接管的两支队伍有些拥挤。旁边，还有特地为观看火箭发射前来参观的普通百姓，有欢蹦乱跳的少儿，也有坐着轮椅、行动不便的老人，场面隆重而壮观。在这里，将完成星箭历史性的对接。这一幕，谁都不想错过！

星箭对接时，刘竹生发现，美方操作规程十分细致，每个步骤，每个环节都有详细记录，如星箭对接时卫星的水平度、速度如何，甚至螺栓如何拧，都有记录，对符合规定标准的就在表格内画一个对勾，直到全部都是对勾为止。这种管理方式真不错，刘竹生暗自想着，这样不容易出现遗漏项目。

发射的前一天，火箭推进剂利用系统上的传感器测试出现故障，测量液位的浮子信号丢失。不知道浮子的位置，就不能了解推进剂液位的状况。参试队员个个心急火燎。有人建议说："把火箭拆了，找出浮子。"要拆火箭，在现场是不可能办到的，必须拉回北京。又有人提议说："分解加注活门，伸进去个窥镜，查看浮子的位置。"这也很难做到，因为分解加注活门，贮箱的气密性现场很难保证，弄不好推进剂就会泄漏。

"澳星"整流罩

推进剂加注数量关系到火箭运载能力的大小，直接影响发射，谁也不敢掉以轻心。正当大家束手无策之际，刘竹生想出了个主意，他说道：“浮子是有磁性的，我们不妨拿个指南针放在下边，靠近它，如果仪表指针动了，说明浮子在下边，如果仪表指针不动，说明浮子在上边。”这种方法操作起来比较简便，不用打开贮箱的舱盖，就可确定浮子的位置。

现场的航空航天工业部部长林宗棠开玩笑地说：“老刘，主意是你出的，你来检查。”

没问题，说干就干！

刘竹生找到了一个军用指北针，打开箭体上的舱口盖，钻了进去。舱盖口约 25 厘米见方，一个普通身材的人钻进去都有些费劲，更何况是身高一米八几的刘竹生呢！他高高地抬起一条腿，搭在舱口上，然后，踩在里边的一个横梁上。踩稳之后，在其他人的协助下，先把头和身子探了进去，一使劲，再把另一条腿收进去。在火箭壳体里，刘竹生趴在支架上，把指北针贴着贮箱底部一放，慢慢地移动，指北针的指针动了，又重做了几次，反应都一样。刘竹生点点头：浮子在贮箱的底部，可以正常加注。

大伙儿高兴坏了！四两拨千斤哪！这大刘，真厉害！

大家都明白，如果把火箭拉回北京，且不谈由此增加的工作量和费用，单单就违反合同、拖延发

1992年，刘竹生（后排右四）等“澳星”实验队员合影

射日期这一条，对中国航天事业的影响就很大。

刘竹生淡淡一笑，连连说：“没什么，没什么。”在他看来，复杂的问题其实不见得有多难，关键在于思路。也许貌似难以攻克的难关，仅仅用日常的物理常识就可以解决。知识，活学活用是极其重要的。

思路新奇，灵活创新，刘竹生给大家留下了深刻的印象。

1992 年 3 月 22 日，天气晴朗，被山峦环绕的发射场显得格外凝重而庄严。50 米高的长二捆运载火箭笔直地立在发射台上，巍然挺立。火箭上印有“中国航天”四个大字，整流罩上印有中、美、澳三国国旗，象征着国际合作。

白天，一院试验队员们对火箭进行了细致的检查，完成推进剂加注，一切发射准备工作就绪。傍晚时分，天渐渐暗了下来，距离预定发射时间还剩半个小时。附近的工作人员全部撤离发射区，刘竹生也撤离到距离火箭发射台 150 米远的发射控制中心。

18 时 39 分，火箭进入最后一分钟准备阶段。

此刻翘首以待的不仅仅是现场试验队员们，不仅仅是发射区附近山头站满了的围观群众，也不仅仅是航天部门的职工，还有大江南北的全国人民——此

1992年，“长二捆”火箭发射“澳星”现场

次用“长二捆”火箭第一次发射第二代奥普图斯-B1（Optus-B1）通信卫星，将通过电视向全国直播，这在神州大地尚属首次。一时间，全中国把目光聚焦在这里。

刘竹生的心里有些紧张，心不由得“扑通扑通”乱跳。

“10，9，8，……，3，2，1，点火！”一声令下，橘黄色的火焰从巨型火箭的底部窜出。

但是，令人遗憾的是，火箭并没有按照预想一飞冲天，而是略略晃了几下后仍安静地矗立着。火箭四周，橘黄色的火焰和硝烟笼罩一片……

死死地盯着大屏幕，刘竹生的心像铁块一样沉重！

火箭发射是具有危险性的，刘竹生深深明白，他想起30多年前发生在苏联的一次发射事故：1960

年10月24日，苏联在拜科努尔发射场进行发射时，曾发生过一次火箭爆炸。霎时，发射台四周烈焰奔腾，火箭碎片到处飞溅，在场的165名工作人员全部丧生。那次事故可称为世界航天史上最为惨烈的一次事故。而今天……

刘竹生不敢往下想了，全身的血液冲向头顶，脑袋像要炸开一样嗡嗡作响。

身旁，一位外国保险公司的代表不懂发生了什么，一个劲儿地好奇地问身边的翻译：“火箭怎么还不起来，火箭什么时候起来呀？”

刘竹生看了他一眼，没有说啥。举目望去，他看到，火焰喷射七八秒后，火箭发动机发出的轰鸣声戛然而止，火苗瞬间变小，发射场上黄烟弥漫，随着时间的推移，烟雾慢慢变淡……烟雾散去之后，大家发现，火箭没有飞起来，也没有倒下，而是重新站稳了。刘竹生长长地出了一口气：火箭发动机紧急自动关机了。

在中外观众纷纷撤离的时候，刘竹生和试验队员们逆着人流奔跑到火箭跟前，对火箭展开紧张的检查和抢险，火箭底部仍有小火苗上窜。看到发射台上的火箭，在场的所有人员都惊呆了，底部四个支撑点中已经有三个出现了较大的错位，要不是发射台支撑盘止住了火箭的移动，50米高、装有400多吨推进剂的火箭肯定会轰然倒下。火箭一旦倒下，发射塔架和周围的一切，包括所有生物，都将化为乌有，不复存在，惨烈的场面可想而知。

——这真是不幸中的万幸啊！

现场立即召开紧急会议！

立即商讨对策，试验队作出决定：用钢丝绳捆绑固定火箭是当务之急，防止火箭倒下。

这时，火箭尾部有几台发动机还在不停地喷火，说明仍然有推进剂在向外泄漏。发射台上不仅严重缺氧，而且充满有毒气体。抢险队员们冒着浓烟，用钢丝绳将滚烫的将要倾倒的巨型火箭固定住，绝非易事。发射台被3000摄氏度高温的烈火烘烤过，现在仍然滚烫。勇士们没有犹豫，纷纷冲上去。手、脚一接触到发射台，就被烫得发出“哧哧”声，但谁也没有后退。一位操作手的四根手指被烫得粘在了一起，还坚持不下火线。为了保住发射场，保住火箭和卫星，保住所有人的安全，抢险队员们早就把生死置之度外了。

众人齐心，其利断金。经过大家的努力，火箭终于安稳地固定在发射塔架上。后来，刘竹生查阅了世界航天资料才知道，像发射“澳星”出现的这种事故，失利后抢险成功、不发生意外的概率——几乎为零。

火箭被固定住后，休斯公司代表与“长二捆”火箭的管理指挥部进行交涉，讨论先泄出推进剂还是先将卫星和整流罩摘下来的问题。为了保住卫星，最终决定，先把卫星和整流罩拆下来。

在中方抢险队员的努力下，印有中、美、澳三国国旗的整流罩和卫星从塔上徐徐下降。经过 39 个小时的连夜奋战，卸下了火工品插头，撤下了电爆管和引爆器，安全地泄出了火箭内数百吨推进剂。发射场保住了，火箭保住了，卫星也保住了——这场景，真是险而又险！

发射失利的压力，接踵而来。来自外商的压力，来自政治、经济、技术三方面的压力，来自心底的自责，来自全国人民的震惊……刘竹生和同事们承受了炼狱般的折磨。

然而，出乎刘竹生意外的是，上级领导给予了亲切的关怀：失败是难免的，要沉着冷静，要认真对待……相信一定会取得成功。来自全国各地的慰问信和汇款单雪片般地寄给航天企业，以表心意。

当初与中国长城工业公司签订合同的休斯公司和奥普图斯通信卫星公司，在发射失利后的第二天，对外公开宣布：不改初衷，履行合同，继续使用中国的运载火箭发射。从大洋彼岸不断发来的电传中，不难体会到他们要求恢复发射的急迫心情。

3 月 30 日，经过烈焰烧灼过的“长二捆”火箭从西昌运回了北京。刘竹生和同事们立即投入工作——查找原因，时不我待！

半个月后，故障找到了，问题出在点火系统控制线路上的程序配电器上。程序配电器出现一处触点短路，阀门电爆管误爆，致使一、三号助推器发动机副系统氧化剂断流，引发自动关机。而触点短路是由于程序配电器内有铝制多余物，造成接点电流过大，致使发动机关机。

为了验证判断的正确性，用这种程序配电器在地面做了模拟试验，人为加进铝制多余物。在 11 次试验中，有 2 次故障复现。针对这些情况，设计师们一致认为，程序配电器是控制飞行指令的关键性仪器，首先必须完善程序配电器的设计，从设计源头上把住质量关；另外，要严格制定和执行零件的工艺管理制度，杜绝箭体内多余物的出现。

1992 年 3 月 22 日，航天人永远难忘的日子。

对于航天人来说，质量是根本，质量是生命。为了永远铭记这次事故，为了时刻自警自戒，航天工业总公司做出决定，把 3 月 22 日定为“航天质量日”。对此举措，刘竹生暗自点头：前车之鉴，后事之师，铭记教训，再上台阶！

航天人严以律己的做法，赢得了世人的认可，包括原本苛责的外商们。在最危急的关头，火箭的自动控制系统“紧急关机”的功能发挥了作用，避免了星毁人亡——这说明，长二捆火箭的自动调控技术是成熟的。事件发生后，视角独特的外国商家对中国的火箭自动控制系统，表示出浓厚的兴趣。

2. 应急补丁

中国航天的历史，就是一部遭遇困难、解决困难、超越困难的历史，就是一部学习技术、发展技术、创新技术的历史。多少次，中国的航天人遭遇了艰难险阻；多少次，中国的航天人以坚韧顽强的毅力攻克难关，超然而上！

从哪里跌倒，就从哪里爬起来。

仅用了短短的100天时间——1992年6月30日，载着一枚崭新的“长二捆”火箭和一批试验队员的专列又一次出发了，即将进行的是“长二捆”火箭的第三次发射。中、美、澳的精兵强将，又一次聚集在西昌卫星发射中心。

7月27日，火箭与澳星成功对接，测量控制系统、通信系统、加注系统、消防系统均处于良好状态。8月14日，“长二捆”火箭发射当天，火箭全面例行展开检查。当检查到一半时，调度跑来向刘竹生报告：“刘工，您赶快下去到第三个助推器处看看，那里出问题了。”

刘竹生急忙赶到现场，发现第三个助推器氧化剂箱上的人孔盖处有黄烟往外冒。人孔盖就是把装配火箭时用于人员通过的孔封住的盖子。刘竹生的心里顿时紧张起来：这种情况肯定是人孔盖有缝隙，但目前推进剂已加注完毕，这个缝隙现在既不能焊，也很难补上，搞不好会影响发射。怎么办呢？

愁云拢上心头，刘竹生的心里不是滋味。

刘竹生和总师一起商量后，决定先派一名工人钻进火箭里边，拿扳手把螺栓拧一拧，看能不能解决问题。工人拧过螺栓之后，问题并没有得到解决，还是漏气。工人不敢再拧了，害怕拧过头而把螺栓拧断了，或将螺纹拧脱扣了，麻烦可能会更大。这时，一名工人出了一个主意：“我们能不能用胶布把缝隙粘上？”

听到这个建议，刘竹生先是愣了一下，低下头思考了片刻。他想到，当自行车漏气的时候，补上一块胶布，自行车就可以继续使用了。虽然火箭和自行车不一样，但他认为也是可行的。于是，他坚定地跟身边的总师说：“我看可以。”

这时，距预定发射时间还有一个多小时，塔架即将打开。

方案制定好以后，大家开始分头行动起来。和好强力胶水，把玻璃布剪成尺寸合适的几块。崔师傅将保险绳系在身上，拿着和好的胶水瓶和几块剪好的玻璃布爬到塔架上，从助推器的外罩钻进火箭里。崔师傅在缝隙处涂一层胶，随即按一块玻璃布，再用手摁上，如果在胶刚粘上时就松手，玻璃布就可能被顶开，因而需要用手摁着胶布——而后再涂一层胶，按一块玻璃布，再摁上一段时间。如此反复了三四次。

按照惯例，发射前的一小时是属于火箭进入发射准备程序时间，而此时，距离火箭发射只有 40 分钟了。等到崔师傅从火箭里钻出来时，火箭终于不再冒黄烟了。

刘竹生悬着的心终于渐渐落地。这一次，还是用简单的物理原理解决了大

1992年，刘竹生在西昌卫星发射中心

问题。有人开玩笑地对崔师傅说："以后你开个自行车修理铺，生意肯定红火，你可是成功补过火箭的人哪！"

而这枚带补丁的火箭不辱使命，直飞蓝天，成功地完成了发射任务。

鲜花与掌声随即环绕着辛劳的航天人。发射成功后，党中央、国务院、中央军委联名发电报给国防科工委，对参加这次发射的所有人员表示热烈的祝贺和亲切的问候。许多中国人都兴奋不已，为发射澳星成功而庆祝。外国航天公司也对中国同行们表示了真诚的赞誉。但刘竹生并没有一直沉浸在成功的喜悦中，相反，他看到了自身工作中还存在着有待提升之处，想到了步入国际市场后中国航天人未来的方向与责任。

想到这些，刘竹生觉得身上的担子越发沉重。

3. 彻查改进

1992年年底，迎来了"长二捆"火箭的第四次发射。

严冬时节，山区异常寒冷。12 月 21 日傍晚时分，在西昌卫星发射中心完成了长二捆火箭发射前的最后一次检测，一切进展顺利，各项指标正常。刘竹生和试验队员们对检测结果非常满意。“长二捆”火箭作为一种新型大推力火箭，包含很多新技术、新工艺，前几次发射出现过不少状况和故障，刘竹生对此次发射也同样没有十足的把握。

19 时 20 分整，“长二捆”火箭按程序点火并正常起飞，助推器、火箭各级按程序准时分离，整流罩分离指令按预定程序发出，一次次“飞行正常”响彻指挥大厅。当听到“火箭入轨、星箭分离”时，在场的参试队员全体起立鼓掌、欢呼，笑容绽放在大家的脸上。

当天晚上，领导为发射成功举办了盛大的庆功会。中外友人汇聚一堂，有说有笑。人们举杯庆贺，觥筹交错，庆贺发射成功。

第二天，正当人们仍然沉浸在发射成功的喜悦中时，美方传来了一个令人惊愕的消息：“澳星”失踪。

美国休斯公司代表紧急约见中方负责人。休斯公司代表对中方负责人说：“火箭发射后，我们没有收到卫星的信号。从录像上，我们看到发射期间空中出现

“长二捆”火箭出征仪式

了两个目标，请中方帮助分析一下这两个目标哪个是卫星。”

价值1.38亿美元的“澳星”神秘地失踪了。中方得到消息后，认真研究目标轨道的运行情况，通知美方，前面的目标是火箭第二级，后面的目标是卫星。

有目标却无信号，大家对此感到奇怪，反反复复地观看发射实况录像。当录像屏幕上显示49秒时，忽然有人喊:“快看，火箭顶部有火星掉落下来。”然后再慢速度播放这段录像，这下大家都看清楚了。看到这一情景，所有人都惊呆了，说明在这个时刻，卫星爆炸了。就是在卫星爆炸产生强烈振动、运载火箭突然减重的情况下，“长二捆”火箭竟然自动调整姿态，按原程序正常运行，将“澳星”爆炸后的剩余部分固体火箭发动机准确地送入到预定的地球同步转移轨道。

没有观看这段录像之前，人们以为火箭把卫星准确送入了太空轨道，实际上，火箭只是把上面级发动机送入了轨道。这就好比一个人去远方执行传递文件的任务，经过千辛万苦，准确地到达目的地，把装文件的包裹交给了接收人。正当他满意而归时，文件接收人通知他，所收到的包裹里没有文件。

卫星丢失以后，中美双方均感到非常尴尬，不知道为何会发生这种情况。地面观测到火箭发射一切正常，并显示卫星准确入轨。谁知，卫星却跟着整流罩半途溜走了。这种事情过去闻所未闻。在不明事故原因的情况下，经协商决定，中美双方各自检查各自的问题。

刘竹生等设计人员就这次事故展开调查。他们初步判断火箭本身不会有问题，事故应该是卫星的故障所致，可能是卫星与火箭的结构匹配问题。为了查明事故原因，中方要求美方提供有关卫星数据，却遭到美国政府的拒绝。美国政府害怕中国会因此获取美国的卫星技术。

既没有实物，也没有卫星数据，查找故障原因变得非常困难。中方认为主要是卫星的问题造成了这次事故，中方除了在整流罩上添加几个螺钉，增加强度之外，没做什么更改。而美方也是把卫星强度加大了一些，对卫星结构也没做什么修改工作。

问题糊里糊涂地算是解决了，如同一个人生了病，未查明原因，吃了点补药就过去了。刘竹生有点有劲使不上的感觉。而“长二捆”火箭的下一次发射任务已经提上日程。

1993 年 8 月，刘竹生被任命为“长二捆”火箭副总设计师。从主任设计师变为副总设计师，承担的责任也更大了。

刘竹生并没有被提拔后的兴奋快慰，反而有点闷闷不乐。“长二捆”火箭发射一直步履蹒跚，第四次发射时卫星爆炸，原因还没查清楚，马上又要第五次发射……

贤惠的妻子发现丈夫神色不对，打趣地说：“风风雨雨这么多年，困难遇到过无数次，危险也遇到过，从来没见你说个‘怕’字，怎么这次打退堂鼓了？”

刘竹生的情绪被带动了起来：“我不是怕担责任，关键是有些时候空有一身力气使不上。科学来不得半点含糊，可现在不知道问题到底出在哪里，是火箭的问题还是卫星的问题。休斯公司和奥普图斯公司都指望这颗卫星过活，催促我们尽快进行下一次发射。这些公司的技术人员和我们一样，都想把问题弄清楚。可是，事情不如人愿，每次我们和这些公司谈判的时候，都受到美国政府的严密监视，他们害怕我们从中学到他们的卫星技术。如果带着问题进行下一次发射，可能还会出事。”

妻子静静地听着，然后劝慰道：“领导让你当这个副总设计师，不是对你业务和能力的肯定吗？再说，你对我国航天的发展不是有很多想法吗，作为副总师影响力会更大一些，实现起来也会更容易一些。”

刘竹生喟然长叹：“是啊，是啊！”他的眉宇渐渐平和：“还是你理解我。”

1994 年 8 月 28 日，迎来“长二捆”火箭第五次发射。这次发射正赶上雨季。

众所周知，天气对火箭发射十分重要，云层、风力、雷电都是火箭发射要考虑的重要因素。刘竹生向窗外望去，天色灰蒙蒙的，淅淅沥沥的雨滴丝毫没有停下来的意思。每过五分钟，地面天气观测员向刘竹生他们汇报一次当地天气情况。发射时，下雨、打雷都非常危险，国际上有很多次由于天气原因推迟发射、或在雨天发射造成失败的例子。刘竹生和坐在身旁的王德臣总师对天气状况仔细察看之后，两位总师不约而同地抬起头，向对方点了点头。他们决定按计划发射火箭。

火箭按预定时间准时点火升空。当火箭飞到半空中时，一道闪电划破天空，接着一声惊雷，刘竹生不由得一激灵。他盯着上升的火箭来不及眨眼睛，火箭在空中变成一个亮点，像天上的星星一样。突然，一直跟踪的这颗星星不见了，刘竹生心想，不会是火箭又发生意外了吧。此时，“火箭飞行正常”的报告声响彻大厅，这使刘竹生异常紧张的神经，轻松了一点儿。这次发射有惊无险，顺利完成。

按照计划，第二年年初，1995年1月26日，中国用“长二捆”火箭发射休斯卫星公司为亚太通信公司研制的亚太二号卫星。这是“长二捆”火箭的第六次发射。

发射准备工作就绪。“点火”指令一发出，火箭像听到命令的士兵一样立刻出发，迅速飞向浩渺的太空。当火箭飞行 50 秒时，一个火球出现在屏幕上，卫星爆炸了。接着，屏幕上出现了一个更大的火球，“长二捆”火箭随之也爆炸了。事故发生的时间和状态和第四次发射极其相似，都是在火箭飞行到近 50 秒时卫星发生了爆炸，只不过上一次卫星爆炸，火箭没有跟着爆炸。而这次，火箭也爆炸了。

事故发生后，中美双方决定彻查事故原因。

中美双方进行了多次讨论。在讨论中，双方各执一词，互不相让，争论得十分激烈。中方称休斯公司卫星再次爆炸，引发火箭爆炸，造成发射失败。而休斯公司则坚决要求翻案，理由是，已有 14 颗休斯公司制造的 HS-601 型卫星分别由欧洲的阿里安火箭、美国的宇宙神火箭和中国的长征火箭发射。而在这些发射中，只有用中国“长二捆”火箭发射时发生了两次相似的失败，而其他发射均获成功，不可能是卫星设计问题，应该是火箭问题。双方都拿不出确凿的数据说服对方。

中方人员到距发射地点十几公里远的山区，找到发射失败掉落到地面上的卫星和火箭残骸。将残骸拿回一院进行试验和研究，首先对保护卫星的整流罩做静力试验。所谓静力试验，就是在静止条件下，对火箭结构加载，测量它的应力、结构刚度以及承载能力。试验结果证明，整流罩强度足够大。至此，刘竹生仍然认为，这次故障是由卫星问题引起的。但休斯公司说的也不无道理，为什么只有我们发射的这两次失败了呢？

作为中方代表，刘竹生等人就此事件赴美参加谈判。在去美国谈判的前一周，刘竹生再一次近距离仔细观察长二捆火箭残骸，他发现整流罩上有一个尺寸很小的小舱口，凭借对火箭结构的敏感，刘竹生感觉整流罩结构设计需要改进。虽然对整流罩做过强度试验，结果是合格的，但在高空的恶劣环境下，火箭上任何一个微小的短板都有可能酿成灾祸。

很快，刘竹生一行来到美国，就有关长二捆火箭第六次发射故障事项与美方进行谈判。在中美双方进行谈判时，美方怀疑中方研制的整流罩强度不够，或者是卫星支架设计有问题，但没有证据。刘竹生拿出了事先准备好的卫星支架结构设计图纸，展示给美方代表看，美方代表没有提出异议。接着，刘竹生把整流罩强度试验结果拿出来，各项指标也符合设计要求。

中方代表团还观看了卫星发射实况转播，上面提到了“高空风攻角”的概念，这一点引起了刘竹生的注意。长二捆火箭第四次和第六次两次事故，分别发生在1992年12月21日和1995年1月26日，都是在冬季。冬天，最大切变风发生时，整流罩会承受严重而复杂的气动压力载荷。

虽然这次谈判还是没有得出明确的结论，但进步的是，为了彻底查清问题，休斯公司把卫星数据提供给了中方。

回国后，刘竹生带领技术人员立刻对数据展开分析工作，并对高空风的影响进行试验和分析，寻找发射失败的真正原因，以防再次发生类似事故。

最后，他们终于找到了事故原因，并通报美方。事故发生半年后，中美双方于1995年7月25日发表“亚太二号”爆炸原因的联合声明：阐述可能的两个故障原因：一、在冬季高空切变风条件下，卫星和上面级与运载火箭的特殊连接方式出现谐振，造成卫星局部结构破坏；二、在冬季高空切变风条件下，运载火箭整流罩的局部结构破坏。也就是说，在高空风的环境下，火箭与卫星都可能被损坏。

联合声明公布以后，很快，中美双方都采取了有效的技术改进。中方在整流罩拐角处增设4个爆炸螺栓，在整流罩空调口盖处用螺钉拧紧，增加高空风攻角控制等改进措施。美方对卫星也作了相应的改进。

从此，“长二捆”火箭走出阴霾。

1995年年底，11月28日和12月28日，“长二捆”火箭进行两次发射，均获成功，分别将亚洲二号和艾科斯达一号通信卫星，准确送入预定轨道。

一波三折，步步惊心。“长二捆”火箭的每一次发射，刘竹生都作为试验队员参与，亲身经历了刻苦攻关、首飞成功、发射失利、卫星失踪、火箭爆炸等过程，刘竹生对这个顺应潮流而诞生的新型号有一种难言的情感。亲若子女，熟如亲友。

而在波折中前进，在失利后崛起，彰显了中国航天人不屈的品质，也是任何一项事业发展的必经之路。但质量，这个火箭事业的头等大事，还需要持续加强。忍耐与坚定，这种根植于一院人灵魂深处的伟大精神，还需要持之以恒。

永保成功，时时事事须严谨。

永创一流，点点滴滴务求实。

从成功走向成熟，中国航天当如是。

刘竹生

刘竹生院士传记

Academician Liu Zhusheng's Biography

第九章 载人航天

在长征二号F型运载火箭上，质量控制的严格标准达到了近乎严酷的程度。火箭上用的元器件、原材料全部实行定点生产，并建立起一套严格的质量管理保证体系。

——刘竹生

1. 梦想起航

嫦娥奔月，女娲补天，牛郎织女，星河灿烂。

五千年的文明历史中，华夏民族流传下许许多多美丽的故事，都与神秘而广袤的宇宙有关，都有一个鲜明的主题——飞天。随着现代科技的发展，载人飞天、太空漫步等已成为全世界航天人竞相步入的舞台。

载人航天是人类驾驶和乘坐载人航天器在太空中从事各种探测、科学研究、试验、生产和各类应用的往返活动，其目的在于突破地球大气的屏障和克服地球引力，把人类的活动范围从陆地、海洋、天空扩展到大气层以外的太空，更广泛、更深入地探索和认识宇宙，并充分利用太空优越的特殊环境进行各种研究和试验活动，开发太空极其丰富的资源。

探索宇宙，开发空间资源，是当今世界各国十分关注的热点。西方发达国家视宇宙空间为增长综合国力的新领域，把夺取空间优势作为航天活动的首要任务，为了争夺太空阵地不惜斥巨资开展研究，争先恐后地实施空间计划。

1961 年 4 月 12 日，苏联从拜科努尔发射场用东方号运载火箭把航天员尤里·加加林乘坐的东方一号飞船送入太空，飞船绕地球一圈飞行了 108 分钟，安全返回地面，首次实现了人类遨游太空的梦想，开创了世界载人航天的新纪元。加加林成为空间飞行第一人。1962年2月20日，美国发射了第一艘载人飞船，航天员约翰·格伦乘水星六号飞船，由宇宙神D运载火箭从卡纳维拉尔角发射升空。

苏联和美国展开了激烈的太空争夺。1969年7月16日，美国土星5号运载火箭将阿波罗十一号飞船发射升空，3名航天员乘坐飞船直奔月球。7月21日11时56分，美国航天员阿姆斯特朗率先登上了月球表面。全世界有数千万电视观众目睹了人类登月的神圣一刻。接着，奥尔德林也顺利登月。7月25日凌晨1时50分，阿波罗十一号指令舱安全返回地球，人类登月的梦想圆满实现。美国先后有6艘登月飞船搭载12名航天员登上了月球。

1971年4月19日，苏联发射了第一代试验型空间站礼炮1号，建立了人类第一个空间站。1982年4月，发射礼炮7号空间站（第二代）。1986年2月，发射和平号空间站（“和平号”已在完成使命后坠毁）。1981年4月12日，美国第一架航天飞机“哥伦比亚号”首次载人飞行获得成功。相继又建造了4架航天飞机（其中“挑战者号”1986年1月28日在发射时爆炸；“哥伦比亚号”2003年2月1日返回时解体）。

1988年11月15日，苏联暴风雪号航天飞机首次实现无人飞行，绕地球两圈后返回地面。

1998年，开始建造国际空间站。2000年，第一批航天员进驻国际空间站。

毗邻中国的日本、韩国和印度，都在加紧落实宏大的空间计划，你追我赶，不甘落后。

自1961年4月苏联航天员加加林上天以来，截至2003年10月14日，俄罗斯/苏联和美国一共进行了240次载人航天飞行，飞天达到951人次，人类挺进宇宙迈出了坚实的步伐，取得了辉煌的胜利，也付出了很大代价，22名航天员献出了宝贵的生命，但人类将不断进取，勇往直前，开发利用太空财富，开创生活新天地。这方面，中国航天人自然不会甘居人后。

中国曾于 1971 年设计出一艘载人飞船，并给这艘飞船起了一个响亮的名字——“曙光号”。然而，这个梦想只停留在图纸设计阶段，殒落于“文化大革命”的标语口号之中。

然而，中国航天人对太空的探索并未就此止步。

1986 年 3 月，面对世界高技术蓬勃发展、国际竞争日趋激烈的严峻挑战，王大珩、王淦昌、杨嘉墀和陈芳允四位科学家提出“关于跟踪研究外国战略性高技术发展的建议”，邓小平做出重要批示：此事宜速作决断，不可拖延。在充分论证的基础上，1986 年 11 月，“863 计划”启动实施了。中国围绕载人航天开展了长时间的探索与研究工作，围绕三种方案，即载人飞船、小型航天飞机和空天飞机，开展了广泛研究。部分专家认为：载人飞船技术相对简单，为稳妥起见，我国应该从飞船起步发展载人航天；另一部分专家建议：我国应该学习美国的做法，研制小型航天飞机或空天飞机更有前途，能够达到重复使用的目的，可降低发射成本。我国对这两种方案进行细致的调研和分析，根据我国具体国情，最后，将我国的载人航天方案确定为发射载人飞船。

1992 年，中国航天一边瞄准国际市场，一边瞄准载人航天。有了“长二捆”大推力火箭，把人送上太空便有了可能。工程技术人员决定，在“长二捆”火箭的基础上对火箭进行改造，研制出运送载人飞船的载人火箭。

1992 年 1 月 8 日下午，中央专门委员会召开会议，听取航空航天工业部关于载人飞船方案的汇报。会上，任新民代表航空航天工业部汇报了载人航天方案。会议认为，从政治、经济、科技等诸多方面考虑，立即发展我国载人航天是必要的，我国发展载人航天要从飞船起步。

1992 年 8 月 1 日，航空航天工业部和国防科工委联合组成论证组，向中央专委汇报。在汇报会上，通过了我国载人航天分三步走的战略：第一步，在2002年前，发射两艘无人飞船和一艘载人飞船，建成初步配套的试验性载人飞船工程，开展空间应用实验；第二步，在第一艘载人飞船发射成功后，大约在2007年左右，突破载人飞船和空间飞行器的交会对接技术，并利用载人飞船技术改装、发射一个8吨级的空间实验室，解决有一定规模的、短期有人照料的空间应用问题；第三步，建造20吨级空间站，解决有较大规模的、长期有人照料的空间应用问题。

1992年9月21日，中共中央政治局第十三届常委会第195次会议正式批准载人飞船工程立项。并将此作为重点工程列入国家计划。

立项之初，上级确定了载人航天工程"争八保九"的目标。所谓"争八保九"，就是力争1998年、确保1999年发射第一艘无人飞船。

载人航天工程包括七个系统，即航天员系统、空间应用系统、载人飞船系统、运载火箭系统、发射场系统、测控通信系统和着陆场系统。

运载火箭系统由箭体结构分系统、动力装置分系统、控制分系统、推进剂利用分系统、故障检测处理分系统、逃逸分系统、遥测分系统、外测安全分系统、附加分系统及地面设备分系统等10个分系统构成。其中，故障检测处理分系统、逃逸分系统是载人运载火箭独有的。

尽管长征火箭已经有能力把卫星送上天，但可靠性和安全性尚不能满足载人飞行的要求。载人航天工程性命攸关，必须设计出一种符合载人要求的新型火箭，它将部分继承"长二捆"火箭的技术而又有所超越与优化。毫无悬念，这项艰巨的重任落在了中国运载火箭技术研究院（航空航天部一院）的身上。刘竹生被任命为载人运载火箭研制项目的副总设计师。

成就辉煌的中国航天人，迎来了崭新的历史任务。

这是机遇，也是挑战，刘竹生明白，这项工作，有创新的动力，更有成功的压力。然而，数十载的经历已然证明，一院的航天人是能征善战的科技“铁军”，就像以往一样，这一次同样能迎难而上，创造出崭新的辉煌。

静静的夜晚，刘竹生极目星月无边，遐思无限。

神秘而广袤的太空，中国航天人来了！

2. 砥砺可靠

按照设计方案，长征二号 F 运载火箭全长 58.3 米，起飞质量 479.7 吨，起飞推力 5923.2 千牛 (604.4 吨)，是我国当时研制的火箭中最高、最重的火箭，它的芯级直径为 3.35 米，助推器直径为 2.25 米，整流罩最大直径为 3.8 米。其中助推器在长征二号 E 运载火箭的基础上加长了 768 毫米。火箭的芯级和助推器的发动机均使用四氧化二氮和偏二甲肼作为推进剂，它的近地轨道运载能力为 8 吨。

化繁就简，系统梳理，科学管理，是一门管理的艺术。

与普通设计人员的职责有所不同，副总设计师刘竹生的主要责任在于技术

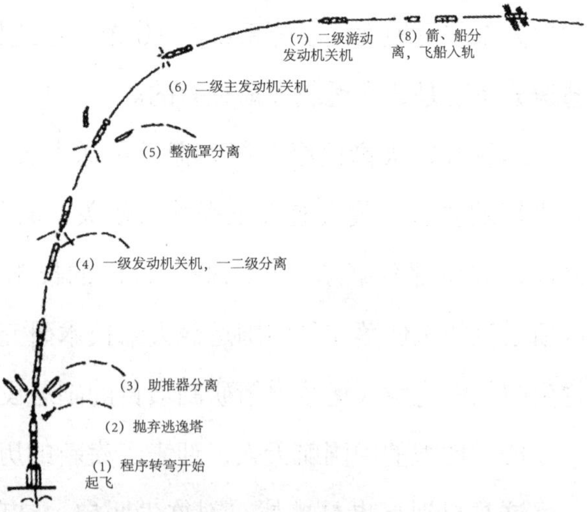

长征二号 F 运载火箭的飞行过程

总体控制。在新型号火箭被命名为长征二号 F 之后，他对此进行了深入的调查研究，发现火箭在突破关键技术方面将有大量工作需要开展，将有 100 多项技术和工艺需要攻关，有 50 多项新技术要应用。

经过调查研究，刘竹生心中有谱了。他知道，由于载人航天的特殊性和工程的极端复杂性，飞船从起飞到返回的各个阶段都存在危险因素。从世界航天史的故障发生情况来看，70% 左右的故障发生在火箭的上升段，而飞船在待发段和上升段的最大危险来自运载火箭。

在刘竹生的主持下，载人火箭制定了高质量、高可靠性、高安全性的总体方案，规划了火箭各系统的可靠性增长目标。在电气分系统方面广泛采用冗余技术；发动机采取了提高可靠性的措施；火工品改用钝感材料，过去很小的冲击电流就能引爆，采用钝感材料以后，降低了火工品误爆的概率，提高了安全性。新型火箭的可靠性设计指标达到 0.97，比一般运载火箭 0.93 的指标高出了 0.04，美国哥伦比亚航天飞机的可靠性是 0.96。

要知道，火箭的可靠性从 0.93 提高到 0.97，是极其困难的，这好比运动员提高成绩、打破纪录一样。要实现这一目标，火箭上 4 万多只电子元器件，要进行 100% 的筛选；将每一个元器件的可靠性从 90% 提高到 99%，火箭研制人

刘竹生（中）在工厂检查产品质量

员要进行290多次的反复试验。

载人航天工程被称为“不败工程”，火箭载人，人命关天，只能成功，不能失败。高质量、高可靠、高安全，是载人航天的生命线。除此之外，掌握火箭故障检测诊断技术和逃逸技术也至关重要。这是载人火箭独有的一项世界级重大难题，在中国航天史上也是第一次接触。这两个系统的研制，刘竹生都亲自部署。

故障检测处理分系统可称为火箭的自我诊断器，就像是火箭内有一位医生，在火箭发生故障之前通过异常数据及时发出信号。逃逸分系统可称为航天员的生命保护神，就像是火箭内的救生队员，在火箭发生故障之前及时将航天员运送到安全地方，脱离危险。

故障检测处理分系统由敏感元件、计算机及控制器组成，像监察员一样实时监测火箭各分系统的工作状况，探测可能出现的故障。当运载火箭系统发生危及航天员生命安全的故障时，如火箭爆炸、控制分系统发生故障、火箭偏离预定轨道等，故障检测分系统能自动给逃逸分系统发出指令，使飞船与火箭解锁，逃逸发动机点火，逃逸塔随即把飞船带离故障火箭，脱离危险区，返回舱借助降落伞和缓冲装置安全降落。尽管苏联/俄罗斯在近百次发射载人飞船过程中，由于运载火箭出现问题迫使航天员使用逃逸塔救生设备仅1次，但为保证中国载人航天的绝对安全，长征二号F运载火箭上还是配备了逃逸分系统。

逃逸分系统是载人运载火箭特有的分系统，它的任务是在运载火箭抛整流罩前发生重大危险、威胁到航天员生命安全时，负责使搭载航天员的返回舱脱离危险区，并为航天员的返回舱着陆提供必要的条件。它关乎航天员的生命，非同小可。如果火箭发射顺利，逃逸分系统就不会启动，这也正是人们所希望的。

为了保证航天员的安全，长征二号F运载火箭取消了其他火箭上的一项功能：一旦姿态不稳定便自动实施自毁功能。新增的逃逸装置安装在火箭的顶端，看上去像一座塔，所以称为逃逸塔。长征二号F运载火箭逃逸塔塔高8米，由塔架及逃逸发动机等组成。当火箭在起飞前900秒到起飞后200秒的时间段内，也就是飞行高度在0千米至110千米时，万一火箭发生事故，能实施自动逃逸和地面指令逃逸。

按逃逸状态不同，分为低空逃逸、高空逃逸和船/箭应急分离三种。低空逃逸是从起飞前到抛逃逸塔，包括火箭在发射台时逃逸；高空逃逸是从抛逃逸塔到整流罩分离，按高空逃逸程序控制；船/箭应急分离是在整流罩分离后，若发生故障，由火箭控制分系统完成相应动作来实施逃逸。

故障检测处理分系统和逃逸分系统的设计难点在于，对故障既不能误判，也不能漏判，故障判据的正确制定是载人运载火箭研制的关键。一旦发生误判，就会引起逃逸分系统的误逃。本来火箭正常飞行，却向逃逸分系统发出逃逸指令，造成误逃，结果让航天员虚惊一场不算，还浪费了一枚火箭和一艘飞船。而如果漏判了，本来飞行有问题，却显示情况正常，没有及时逃逸，将会造成箭毁人亡的惨剧，危及航天员的生命安全。

故障检测处理分系统有两项主要任务：一是检测火箭的重要参数，判断火箭故障，出现故障时向有关分系统发出逃逸指令和中止飞行指令；二是逃逸时完成逃逸飞行器的时序控制和火工品配电。该分系统可以从发射前30分钟开始，监测各分系统的参数，对火箭可能出现的故障迅速进行判断，以决定是正常发射、中止发射还是发出逃逸指令。这就相当于增加了一位严格的医术高明的医生，在火箭发射前对火箭各项参数进行快速判断，并做出决定。

刘竹生通过多年的实践深深认识到，运载火箭系统极其复杂，各组成部分既相互独立，又紧密联系，故障模式千差万别，不可能对每个故障模式都进行检测。而对于这些新课题，刘竹生看到，科技人员有些无从下手，而能查到的资料也比较有限。科技人员焦急万分，身为副总设计师的刘竹生同样备感焦急。

这些技术中的一部分，有可能从国外引进，但需要花费大量资金，而另一部分关键技术则是用钱也买不来的。

花费大把的外汇去购买别人的技术与成果，一向不是航天人的习惯做法，自力更生才是航天人的宝贵传统。刘竹生皱起眉头认真地思考着，既然我们能从一无所有开始铸造出今日航天事业的辉煌，那么我们自然就能再攀高峰，只不过这一次，恐怕又是一场硬仗。

难关，最后都会被攻克的，都将变成中国航天人开创新辉煌的垫脚石。刘竹生对此大有信心。

在刘竹生等负责人的带领下，科技人员很快投入技术攻关。他们放弃了所有的节假日，每天加班加点。刘竹生和同事们查阅了很多资料，做了大量的模拟试验，根据火箭发射的不同时段，找出了影响火箭飞行任务和航天员安全的310种独立的故障模式及逃逸判据，进行了一轮又一轮的筛选。

刘竹生提出了故障判据制定的原则，即以独立故障为基础，按故障可检测性、发展速度，采用箭上和地面处理相结合的方式，有效简化故障诊断处理，又将310种独立的故障模式及逃逸判据简化为11类，为故障检测分系统故障判据的制定和实施，奠定了基础。按故障发展速度进行分类，较慢的故障由地面的故障检测分系统进行诊断，加入人工判断因素，确保不发生误逃。箭上的故障判据不分故障模式，仅判断推力丧失以及姿态失稳两种故障，这两种属于快速发展的故障。

在故障模式分析过程中，确定故障门限使用统计方法，需要大量的试验数据。然而在地面进行大量的实物故障状态试验是不可能的，无法用地面故障试验来验证。为解决上述问题，刘竹生主持研制火箭故障飞行仿真系统来模拟故障，建立火箭各种故障模型和逃逸飞行模型，实现运载火箭在待发段和上升段发生故障时，能自检测、自诊断，发出故障信息给逃逸分系统，达到分析故障、验证实施正确性的目的，以保证航天员的绝对安全。

为了进一步增加火箭的安全性，刘竹生带领技术人员以长二捆火箭为基础，在电气分系统上广泛采用冗余技术，制定“一度故障工作，二度故障安全”的目标，将故障信号按故障的轻重缓急分成等级，即指在第一次发生故障时，分系统仍能继续正常工作；再次发生故障时，能保证航天员的安全。

有的设备不仅采用了主从冗余，甚至采用了三冗余，就是多增加了两道保险，当其中的两个设备失效时，还能有备用器件工作。元器件等级和筛选标准全都提高了一个等级。控制分系统和遥测分系统也为配合航天员的逃逸救生改进了设计。

高标准，严要求，自然能提升火箭的整体质量。长征二号 F 运载火箭的安全性指标要求为 0.997，经过安全性定量评估，结果达到了 0.9992。刘竹生说：“在长征二号 F 运载火箭上，质量控制的严格标准达到了近乎严酷的程度。火箭上用的元器件、原材料全部实行定点生产，并派人下厂监制，对每一个焊点、每一个元器件进行详细检查，逐个进行高低温、振动、通电测试，并建立起一套严格的质量管理保证体系。”刘竹生对此很有把握——事关航天员的生命安全，大家都尽心竭力，效果自然非同凡响。

3. 减重增翼

然而，整流罩的重量问题却一波三折，很难解决，令刘竹生大费周章。

在火箭正常飞行时，整流罩可保护飞船在大气层不遭受气动载荷和气动加热的作用。当火箭在 39 千米高空以下出现异常时，上半部整流罩将充当逃逸系统的承载结构件，与逃逸塔组成无控逃逸飞行器。因此，它的双重功能使得整流罩结构十分复杂，设计难度相当大，与其相关联的许多部件的设计和加工，都成为关键技术。

当 1997 年火箭的第一个整流罩生产出来后，大家发现，其重量比设计要求超出了 900 多千克，这显然不适合直接采用——整流罩的重量关系到逃逸速度、水平距离等与航天员安全直接相关的指标要求，也间接地影响到火箭的运载能力，不能马虎对待。

整流罩减重，立即展开！

刘竹生运用系统工程的方法，组织总体设计人员、弹道设计人员、载荷设计人员、结构设计人员齐动手，从设计源头、设计过程等各个环节查找原因。在这个过程中，通过一个个实例，刘竹生对理论和实践的认知有了进一步的体会。

以往火箭在载荷设计中，都是取最大速度头工况与最大攻角工况等作为载荷设计工况，但对逃逸飞行器，由于其弹道的特殊性，其最大载荷既不在最大速度头工况，也不在最大攻角工况，而是在两者乘积最大的工况。这个新的认识能够使载荷大幅度减小。

速度头是流体运动速度 v 的平方与两倍的重力加速度 g 的比值。速度头又可理解为单位重量流体所具有的动能。好比我们投铅球，我们用的力的大小决定速度的大小，而如果抛出的角度不好，铅球照样抛不远。只有综合考虑抛出的力和角度，才能达到最好的效果。

在深入研究载荷设计的基础上，科技人员对于结构设计的合理性进行确认，确实发现了不合理之处。刘竹生发现，理论上最合理的东西在实践中不一定最适用，工程就是要用最简捷的方法解决实际问题，最终采取了综合措施解决了这个问题。即：减少载荷，以最小代价更改结构设计，同时增加发动机总冲。

刘竹生带领设计师队伍对逃逸载荷进行了复算，重新开始结构减重设计，要求既不能削减功能，又要减轻重量。他鼓励大家，整流罩重量每减少一千克，我们离胜利就更近一步。经过大家的努力，整流罩超重的问题得到了妥善解决。

为了提高速度，在减重的同时，刘竹生还考虑主动增加逃逸发动机的总冲，以达到性能要求。这就像一个人，既要减肥，同时还要增强体质，才能达到跳得高、跳得远、跑得快的目的。

从设计之初到最后的设计完成，载人运载火箭在设计上发生了较大幅度的更改。最初设计时，载人运载火箭只是铅笔式的形状，不带尾翼。但在进行故障模式分析时，刘竹生发现，一旦控制分系统出现故障，不带尾翼的火箭箭体会快速翻转，速度极快。当故障检测处理分系统检测出故障时，逃逸分系统还来不及工作，逃逸飞行器姿态已超出了工作范围，那么航天员将无法实施逃逸——逃逸分系统就形同虚设。若要确保故障发生后火箭有足够的时间保持静稳定性，为逃逸赢得时间，刘竹生提出，应该给火箭增加尾翼，具体应安装在四个助推器的尾段，以提高火箭的稳定性，确保逃逸飞行器逃出危险区。

在刘竹生的组织下，经过反复测算和试验，安装上尾翼的长征二号 F 运载火箭，消除了以往的不足，成为能承担历史重任的合格“战士”！

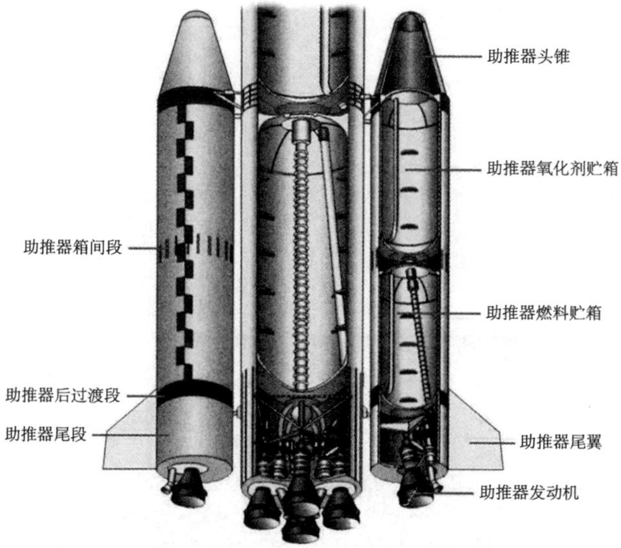

长征二号 F 运载火箭助推器结构图

刘竹生

刘竹生院士传记

Academician Liu Zhusheng's Biography

第十章 锤炼成熟

长征二号F运载火箭经历重重考验，于2003年10月15日，将神舟五号载人飞船发射成功，中国人的千年飞天梦想终成现实。

——刘竹生

1. 综合演练

明月出天山，苍茫云海间。长风几万里，吹度玉门关。

1998 年 3 月 21 日，刘竹生带领试验队员奔赴甘肃，赶往那里的酒泉卫星发射中心。

酒泉，位于河西走廊的西部，祁连山北麓。“酒泉”这个富有诗意的名字，还有许多美丽的传说。相传在西汉时，汉武帝派骠骑将军霍去病率领 20 万大军过焉支山，出征匈奴。霍去病大败匈奴后，驻兵在泉湖一带。捷报飞传长安，汉武帝大喜，传旨赐霍去病白银 10 万两，御酒一坛，犒赏有功将士。霍去病平日爱兵如子，皇上赐了御酒，他不愿独自享受。可是一坛御酒，20 万大军，如何饮得过来。有人建议：每 100 人选一个代表，分酒一杯。但仔细一算，还是不够。霍去病便把酒倒入一眼泉中，20 万将士开怀畅饮。名将的慷慨，将士的豪迈，留驻下一段古今佳话。从此，这眼水泉就被人们称为“酒泉”。“酒泉”不仅吸引了丝绸古道上的游客，更引得文人骚客诗兴大发。李白诗云：天若不爱酒，酒星不在天；地若不爱酒，地应无酒泉。

而今的酒泉，亦不再是骚人墨客抒发豪情之地，却成为航天人创造辉煌的见证。

位于内蒙古阿拉善盟额济纳旗境内戈壁滩上的酒泉卫星发射中心始建于1958年，海拔1000米，占地面积约2800平方千米，距酒泉市区约250千米，是中国建设最早、规模最大的卫星发射中心，也是各种型号运载火箭和探空气象火箭的综合发射场。

1960年11月5日，中国第一枚地对地导弹在这里成功发射。

1966年10月27日，中国第一次导弹核武器试验在这里试验成功。

1970年4月24日，中国第一颗人造地球卫星“东方红一号”用长征一号运载火箭在这里发射成功。

而今，中国载人航天的发射也将在这里进行。1998年3月，长征二号F运载火箭将进行发射前的第一次合练，即除真正发射外的一切工作，全部在这里演练一遍，特别是一些重大试验项目，都要全部实施一遍。

此次运载火箭的发射技术与以往有所不同，将首次采用世界上最先进的“三垂”模式及远距离测发控技术。“三垂”即船箭垂直总装、垂直测试和垂直转运到发射区，并在测发楼对发射工位上的火箭进行1500米的远距离测试、发射和控制的方式。这与传统的水平对接、水平测试和水平转运大相径庭。为此，对箭上各系统及地面设备进行设计，以保证火箭状态的稳定，并使火箭在发射架上的准备时间由以往的15天左右缩短为3天。在远距离测发控技术上采用先进的光电技术、自动控制技术和弱信号的远距离传输技术，在国际上是比较先进的。

“长二F”火箭虽然继承了“长二捆”火箭的基本构型和结构、动力系统的部分零件和组件，但从轨道、气动、载荷、环境、机械电气接口和发射场总装工艺流程等，全部进行了重新设计。为了保证“长二F”火箭首次发射成功，决定在发射场进行两次合练。

第一次合练从1998年3月27日开始，到6月底结束，刘竹生和参试队员在酒泉卫星发射中心苦战100天。

这次合练的任务有五项：

（1）火箭本身10个分系统在发射场环境下的合练与协调；

（2）箭船对接合练与协调；

（3）箭与发射场技术阵地、发射阵地设施及保证条件的合练与协调；

（4）电磁兼容试验；

（5）垂直转运及运输试验。

载人发射台是新建的，载人火箭是新造的。合练一开始，就遇到了很多问题。

火箭和地面设备不协调，传输的信号属于微信号，测试信号时，受周围的强信号干扰严重，无法正常传输信号。信号传输不正常，下一步测试就无法进行。

作为副总设计师，刘竹生虽然不能说所有专业都很精通，但对各专业都有所了解。他检查了一下线路，发现传输线路和地线缠在一起，症结就在这里。将传输线路与地线分开装配以后，传输信号就正常了。

当场发现问题，争取当场解决问题。如果当场解决不了，就记下来随后解决。

遇到的另一个棘手的技术问题就是电爆阀门顶盖打不开。逃逸分系统安装有电爆阀门，当气流通

载人火箭整流罩

过这扇门时，阀门必须打开，如果打不开，逃逸分系统就不能正常工作，当火箭发生故障时，航天员就无法逃生。

出现故障以后，刘竹生立刻组织大家对有问题的电爆阀门进行技术归零管理。电爆阀门属于机电产品，试验中，刘竹生发现，当药柱点燃后，阀门打开后又迅速关上。看到这一现象，刘竹生想起“长二捆”火箭在研制时，整流罩曾发生过类似的现象，因此，他提出在电爆阀门上安装一个阻止阀门回弹的捕捉器。

当问题出现后，思路很重要。刘竹生提出他的想法后，技术人员对阀门结构进行了设计改进，再次试验，电爆阀门回弹的问题就此消失了。

刘竹生和队员们一遍遍地进行火箭的安装测试，不停地监测数据，一个问题接着一个问题出现，再一一地逐个解决。

1998 年 6 月，长征二号 F 运载火箭、神舟飞船和新建的发射场系统，准备进行正式发射前的第一次联合大演练，其主要目的是检验火箭总体和各分系统方案设计的正确性和协调性，检验火箭与飞船总体方案的协调性，验证飞船返回技术，进一步检验发射场系统、测控通信系统以及着陆场系统设计方案的正确性。

完成合练任务，刘竹生从酒泉卫星发射中心回京。到家后，妻子看见刘竹生，停下手中的活儿，抬头笑着问道："你当总师了？"

刘竹生纳闷地反问道："我才刚刚知道，你咋也知道了呢？"

妻子高兴地说："别人告诉我的，我以为我知道的是晚的，原来你也才知道呀。"接着，妻子带着自豪的口吻说："当上载人运载火箭项目的总师了，真够厉害的！"

面对妻子的夸奖，刘竹生笑着答道："有啥厉害的，我倒觉得当副总挺好，干得挺顺手的。"

1998年6月，刘竹生被正式任命为长征二号F运载火箭的总设计师。没有豪言壮语地承诺什么，刘竹生的内心升起四个字：任重道远。这场关系到航天事业、关系到国家综合实力的尖端科技项目，只能乘胜追击，再创佳绩，没有任何理由去退缩与徘徊。

中国载人运载火箭的研制，将在新一代总师的引导下，推进到一个崭新的高度！

一场由刘竹生"领衔主演"的科技大战开始了！

为了检验逃逸分系统设计的正确性，1998年9月，刘竹生赶赴酒泉卫星发射中心进行第一次零高度逃逸飞行试验。零高度逃逸飞行试验是模拟运载

刘竹生（左二）和技术人员一起在工作现场吃午饭

火箭在发射台上出现故障时，初始条件为“零高度”“零速度”的逃逸救生飞行试验。

逃逸分系统有四个设计点要检验，包括发射台逃逸、跨声速逃逸、最大动压逃逸和高空逃逸。发射台逃逸（零高度逃逸）对逃逸分系统发动机总冲要求最高，技术难度最大。若逃逸分系统可以满足零高度逃逸的要求，则其他状态的逃逸也将达到要求。因此，完成零高度逃逸能力的验证，实际上也就验证了整个逃逸分系统的逃逸能力。

零高度逃逸飞行试验并不在厂房内，而是在戈壁滩上进行。在发射场的场坪上，科技人员忙忙碌碌地组装设备。常常，刘竹生和同事们顶着中午时分的烈日炎炎，辛勤地工作着；常常，这里狂风大作、飞沙走石，他们只能抗拒着风沙，辛苦地安装和拆卸。

然而，戈壁滩上的气候瞬息万变，刚刚还晴空万里、一派宁静，忽而就见

1998年，逃逸分系统零高度试验

狂风卷起沙尘像一堵黄褐色的沙墙般地由远及近，扑面而来，一时间天昏地暗，白昼如夜。四周的塔架常常被风吹得叮当作响。在这种恶劣的条件下，刘竹生好不辛苦，他并不是不在意条件的艰难，而是在他的心中，试验、测试最重要，其他的都不重要，比如条件的艰苦。带领着技术人员，刘竹生站在十多米高的塔架上，硬是顶着风沙完成了测试。

按原计划，逃逸塔从技术区转运到发射区进行试验。在操作中，稍一加力，逃逸塔上的推力调节螺栓断了。研制人员把螺栓卸下来一检查，发现零件出现“氢脆”现象，也即是氢原子在高强度金属件内部聚集，形成氢气，金属性能因此发生变化，变得脆性增加。如果在实际发射时出现这种情况，可真是个大麻烦，将又是一次航天事故，一切辛苦和劳作将付之东流。

刘竹生知道，氢元素在化学元素周期表中排列第一，体积最小。推力调节螺栓是金属构件。金属是晶体结构，晶体之间是有间隙的，平时人们仅凭肉眼看不到金属表面的缝隙，但实际上，在一定条件下，比如空气潮湿，或金属浸在水里时，会有氢元素进入金属内部，两个氢原子碰到一起，就会形成氢气。金属中的氢气有个特点，在运动或受力的状态下容易发生聚集。如果一团氢气聚集在金属件内部，对金属件形成内压，金属件的性能就会因此发生改变，发生脆化现象，即“氢脆”现象。就像人体由于缺钙发生骨质疏松一样，就没有从前坚固了。

刘竹生明白，金属的“氢脆”现象属于世界难题。眼看着载人火箭“争八保九”的最后期限快到了，刘竹生立即组织人员对调节螺栓的“氢脆”特性展开调研，调查这批金属件发生氢脆现象的具体环节与原因。技术人员还就“氢脆”展开讨论，有同志认为很可能是在对螺栓进行表面处理时，氢元素乘虚而入，在金属件内部聚集起来，导致“氢脆”。也有同志认为可能是天气潮湿造成的“氢脆”。

刘竹生认为，由于天气潮湿造成调节螺栓“氢脆”的可能性不大，因为火箭存放时，对火箭各系统采取了严密的防潮保护措施。刘竹生建议：“氢脆现象很可能是在零件做表面处理时发生的，那我们试验一下，看看调节螺栓不做表面处理行不行，性能会如何，是否能够达到设计要求，还有没有氢脆现象。”两天后，技术人员拿着试验结果，兴冲冲地向刘总汇报：“果不其然，氢脆现象没有了，我们成功了！”以刘竹生为首的总设计师系统作出决定，重新生产一批调节螺栓，安装上去。

1998 年 10 月 19 日清晨，随着指挥员一声令下“点火”，飞船逃逸塔中部主逃逸发动机喷出烈焰，逃逸塔腾空而起，带着飞船的返回舱和轨道舱沿预定轨迹飞行，整流罩上的 4 个栅格翼同时打开。飞行到 1.9 千米高空时，飞船返回舱与逃逸塔顺利分离。

1999年11月20日，长征二号F运载火箭发射神舟一号飞船

1999年11月20日凌晨6时，长征二号F运载火箭准时点火升空，将我国第一艘无人试验飞船“神舟一号”送入预定轨道，火箭各系统工作正常，飞行试验获得圆满成功。

望着身边同事们喜悦的笑脸，刘竹生舒心地笑了……

2. 火箭碰伤

身为运载火箭总设计师的刘竹生在忙碌地工作着。火箭的大事小情，都是他费心尽力去关注的问题。在他的组织领导下，运载火箭的研制工作进行得比较顺畅。

2000年的最后一天，即12月31日这天，神舟二号飞船发射进入最后准备阶段，计划于2001年1月6日实施发射。

此时的试验队员们已经在发射场忙碌了一个多月，通宵达旦、夜以继日地工作，直到一枚结构复杂的载人运载火箭笔直地竖立在总装测试大厅里。当天下午，上级领导下达命令，一院同志放假半天，把总装测试大厅留给有岗的测试队员和基地工作人员，由他们负责对火箭及其周围环境进行整理和检测。

“中国载人航天工程第一次飞行试验突出贡献奖”奖章

吃过午饭，刘竹生回到宿舍，一边抽烟，一边回想前一段时间在发射场工作的各个环节，思考有无疏漏。在确认各个环节没有问题之后，他放下心来。安心休息。

下午3时许，一阵紧急的电话铃声响起，把睡梦中的刘竹生惊醒。刘竹生起身拿起电话，就听见总指挥黄春平急促的声音：“老刘，调度薛京宁打来电话，说火箭被撞了，走，咱们赶紧过去看看。”

刘竹生有点慌了。火箭被撞了？

放下电话，刘竹生披上外套就朝门外跑，正好碰上黄春平和年轻的副总指挥刘宇，大家都没有说话，但心里都沉甸甸的。

10多分钟后，刘竹生一行人到达总装测试大厅现场。在门外等候的调度小薛，一位秀丽的知识女性，见到几位老总后，立刻汇报了当时的情况。

原来，总装测试大厅门外有一辆牵引车，由一根电缆将牵引车与大厅内的活动发射平台相连接。刚才，基地工作人员测试转运车电机驱动功能是否正常时，接错了插头。转运车上有两个插头，一个是空挡，测试电机转动是否正常；另一个是挂挡，挂挡一接通，大厅内的活动发射平台就连同上面的火箭一齐被牵引车带动着向大门方向移动。本来，测试牵引车电机工作是否正常应该接空挡插头，但操作手却接通了挂挡插头。结果，一加电，牵引车就移动起来，瞬间将整个活动发射平台朝大门的方向开动了一段距离。

虽然发现及时并立即拔掉插头，但此时活动发射平台已经移动了近400毫米，远远大于固定发射平台与火箭之间只有约200毫米的间隙，造成火箭与固定操作平台发生了碰撞。

经查，这位操作手是一时走神，就在前一天，他刚刚接到母亲病重的消息，心里惦记，在接插头时就接错了。

小小的纰漏，严重的后果！

刘竹生的心里长长地叹息着，航天工作真的是一点都马虎不得啊！

事已至此，刘竹生没有心思去过多地责备那位已经万分后悔的操作手，而是一门心思地想着如何修补。他三步并作两步，率先登上了总装测试大厅固定发射平台的最高一层——第十一层。从上向下看，原本笔直的火箭像病号一样歪斜地倚靠在平台上……

如果这个问题不解决好，刘竹生知道，后果是严重的，或许发射将被延期，或许会影响整个载人航天的发展计划，那样的话，将会给国家造成重大损失。现实严酷，不容迟疑！

总指挥黄春平和副总指挥刘宇向刘竹生投去焦

刘竹生（右）和黄春平（左）

刘竹生（右）和刘宇（左）

急的目光，内心的忧虑不言而喻。

刘竹生自上而下地进行逐层查看，时而站立，时而弯腰，时而趴下，像大夫诊治伤员一样，他仔细观察着火箭受伤的部位，不时地在本子上记录着——火箭的头部歪斜着顶在台面边缘，像伤员一样没精打采。上部的壳体比较软，被撞弯了，防风拉杆也错了位，被挤到一边去了……

一边看着，一边痛心着。刘竹生的心里满是紧张和忧虑。

经检查确认，火箭总共有十一处碰伤，其中，好几处地方伤情比较严重。

刘竹生叹了口气，摇摇头对黄春平说："可能不行了，也许要取消这次发射。"三人交换了意见，一致认为此事件非同小可，非常严重，必须立即向基地指挥部汇报。

载人航天发射场指挥长、酒泉卫星发射中心主任张建启认真听取了一院对事故的初步判断结果之后，异常紧张，如果因为误操作取消这次发射的话，不仅会给国家造成巨大的经济损失，而且会影响到中国载人航天工程的整体进程，可能要向后推迟不止一年。事情的严重性大家心知肚明。

正当大家心慌意乱、不知如何是好时，刘竹生已经冷静了下来，在汇报了可能发生的后果之后，他认真地说："取消发射是我们的初步判断，接下来，我们还会对受损的火箭做进一步的检查和分析，如果有可能的话，我们将竭尽全力，对火箭进行修复。"

如果能在现场修复火箭，就不会长时间地耽误发射，也不会导致后续一系列严重后果的发生。亡羊补牢，犹未为晚。

听刘竹生这么一说，基地负责人激动地连声道谢。

刘竹生召集参试队员召开紧急会议，讨论方案。大家各抒己见，异常激烈，最终形成了截然相反的两种观点。一派主张把火箭拉回北京，这样最稳妥；

另一派则主张尽量在现场维修火箭，这样最有利于发射。在责任归属上，刘竹生明白，此次事故虽然属于基地的责任，如果现场修复，缺少维修设备和人员，一旦不成功，责任将由一院承担；如果运回北京检测、修补，甚至重新研制，虽然维修条件比现场维修好得多，但工期将严重拖延。

但是，哪种方法更有利于工作呢？更有利于整体大局呢？

刘竹生认真、全面地听取了大家的意见，最后阐述自己的看法："首先，我非常理解主张将火箭运回北京维修的同志们的意见，这样做，我们的把握更大一些，一院这边承担的风险会小一些。"然后，他话锋一转，接着说："但是，如果将火箭运回北京，推迟发射将不是一天、两天的事，一拖可能就是一两年，不仅我们之前的活儿都白干了不说，给国家造成的巨大经济损失和给国家以及我们航天企业造成的负面影响将是巨大的。我仔细观察过火箭受伤的情况，伤情看似很严重，但还是有可能修复的，受伤部位恰好都没有发生在无法修复的位置。所以，我建议，把火箭伤情调查清楚以后再作结论。"

大家纷纷点头：刘总有理有节，真是大将风度啊！

针对这次事故，一院成立了专门的事故调查组和处理组，严格执行质量归零管理办法。

快刀斩乱麻，当机应立断。刘竹生果断地宣布："把船、箭组合体分解，对火箭各分系统做总检查。整流罩、发动机、箭体各部分，分别由各部分负责人带领团队进行检查，3 天以后给出处理意见和具体方案。"

新年的钟声已经敲响，正当其他地方的人们互祝"新年快乐"的时候，酒泉卫星发射中心却没有丝毫的节日气氛，大家已经各就各位，紧张而有序地工作起来。全面的检查和测试运载火箭的工作量异常庞大，但没有什么困难能阻挡中国航天人进军太空疾疾前行的步伐，在最短的时间查清火箭受损情况，是大家一致的目标。

火箭的结构极其复杂，其中，火箭的第二级内有一根气管，它由外面引进舱内，很长，如果它被撞坏，就算别的部分都是好的，现场也没办法修复，但在检查到它时，包着它的长排整流罩被活动平台挤压变了形，看不见里面的状况，只能拆开验看。当长排整流罩拆下后，刘竹生看到，平台正好撞在支撑这根管子的刚性卡框上，管子一点也没受损，刘竹生不由自主地说道:“天助我也！”

为了确定火箭损伤受力的性质、载荷大小、损伤程度，要进行精确的计算和分析，对火箭与平台的间隙反复测量和计算。有时为了解决一个技术难题，要在垂直厂房各层工作平台之间跑上跑下，反复测量，直到找到满意的解决方案，提出具体的处置措施为止，并对火箭修复后的发射风险进行全面评估。

刘竹生在发射中心的宿舍修改报告

白天，刘竹生安排大家各司其职地检测、试验，晚上，组织大家展开讨论、研究，编写和修改报告。仅用了四天时间，一份长达 50 余页的《碰撞后火箭受损结果分析及处理措施》的报告，呈现在大家面前。这份报告内容包括众人严密的论证，对碰撞过程进行了详尽的分析，得出了极其慎重的结论。报告写道：箭体首先撞上九层平台，由于火箭此处刚度较小，火箭顶部开始变形。火箭级间段防热层撞上五层平台，级间段刚度较大，属于弹性碰撞……每一行，每一页，凝聚着无数缜密严谨的思索和沉甸甸的责任。

报告给出的结论如下：

（1）火箭与工作平台的碰撞属于挤压过程，不是冲击过程；

（2）碰撞过程中产生的载荷小于火箭的使用载荷，因此火箭大部段及其连接结构未受损伤；

（3）局部受损部位均已得到妥善处理，并经检验验证满足飞行条件；

（4）为了提高可靠性，对火箭受到碰撞的载荷部分进行了检查和必要的更换；

（5）火箭电气分系统经测试检查，各项分系统指标正常，满足飞行试验条件。

报告郑重承诺："目前，火箭状态已恢复，可以参加飞行任务"，这就是说，可以发射。最后，各分系统郑重地签上负责人员的名字，刘竹生和黄春平在报告的封面上分别签上了名字，代表了他们勇于承担巨大的责任。

事故调查委员会组织召开故障审查专门会议，对《碰撞后火箭受损结果分析及处理措施》报告进行评审，通过讨论，一致认为火箭可以进行正常发射。

通过各方协调，最后确定于 2001 年 1 月 10 日组织发射。

火箭可以发射，时间仅仅比原计划推迟了 4 天，这位刘总真够胆大和自信！

基地工作人员不禁暗暗翘起大拇指：不推诿、不刁难、有胆气、有担当，刘总，好样的！

但修复火箭也非易事。人力匮乏，物力短缺，还需要来自北京的支援。

人力不足？紧急从北京选调！

物力不足？紧急从后方调拨！

打破以往的运输方式，火车、汽车、飞机全都动用起来，为了完成发射，航天人争分夺秒，不言苦累！

当一院技术人员带着工具和设备到达基地的时候，当地的负责人既兴奋又惊奇："你们是怎么来的？难道你们是坐火箭来的？"刘竹生欣然一笑——这就是航天人，关键时刻肯于苦干、敢于玩命的航天人！没有这种顽强坚韧的精神，航天事业的辉煌又怎能如此成功不断、精彩连连呢！

人心齐，泰山移。经过众人的努力，奇迹出现了，火箭重展芳容，按时耸立在发射塔架旁。2001年1月10日凌晨1时，长征二号F运载火箭发射升空，将神舟二号飞船成功地送入太空。

目送着升腾而起的火箭渐行渐远，刘竹生的心里暖融融的。

这是一个团结的团队，这是一个敬业的团队，这是一个顽强的团队，也是一个勇于担当的团队。一院的航天人，是一个了不起的英雄团队！

3. 低温发射

一步一个台阶，一步一个高度。

伴随着载人航天工程的推进，运载火箭的研制也呈现出“步步高”的劲头。

2002 年 3 月 25 日，神舟三号飞船发射成功，长征二号 F 火箭和神舟三号飞船全面完善了逃逸与应急救生功能。前三次神舟无人飞船的成功飞行，证明了我国载人火箭和飞船的可靠性。长征二号 F 火箭的第四次发射与前三次有很大区别，这次更加接近载人发射状态。因此除了进行正常的专项考核之外，还对一些结构件的质量提出了更高的要求，对火箭强度有影响的零配件，只要有微小的不足，不做修正，直接报废，然后重新设计生产，以提高火箭的可靠性。火箭飞行全过程不足 600 秒，但要求产品达到 600 小时的工作水平，以确保万无一失。

2002 年 12 月 29 日，计划进行神舟四号无人飞船发射，各系统与载人时的状态一模一样，算是载人飞行之前的最后一次“彩排”，意义重大。如果成功了，这次发射就是首次载人飞行之前最后一次发射无人飞船；如果发生任何闪失，载人发射的后期计划将会被打乱！

重任在肩，刘竹生丝毫不敢马虎懈怠。

2002 年年底，还是在久负盛名的酒泉卫星发射中心，长征二号 F 火箭和神舟四号飞船顺利进入发射场，进入 60 天测试流程。火箭、飞船各系统测试进展都很顺利，联合测试都已完成。发射日期在一天天临近。

谁料，12 月 15 日，寒流不期而至。12 月 20 日，酒泉卫星发射中心连下两天大雪，冰雪覆盖下的发射场素裹银装，异常寒冷，发射场遭遇气象史上 30 年不遇的极端低温天气，直到 12 月 22 日冬至这天的夜里，大雪总算停了下来。

望着银装素裹的洁白世界，一时之间，刘竹生有些哭笑不得。瑞雪缤纷固然好看，但他明白，这种极端天气非常不适合火箭发射——此时的酒泉，温度是零下 28.7 摄氏度，超出了运载火箭允许的最低发射温度——零下 20 摄氏度。远离城市的戈壁沙漠往年很少有雨雪，类似这么大的暴雪更是罕见。

又一个崭新的难题，摆在了刘竹生和他的同事们面前。

12 月 23 日，船、箭、塔组合体已具备转运条件。

12 月 24 日中午，令人欣慰的阳光穿破晦暗的天空，给大地带来了些许暖意，气温升至零下 10 摄氏度。垂直测试厂房的大门徐徐上升，印有“中国航天”字样的乳白色“长二 F”载人火箭，伫立在转运平台上，在深蓝色厂房墙体的映衬下，格外挺拔。

随着指挥员一声令下，“长二 F”载人火箭、神舟飞船和逃逸塔组合体连同转运移动平台，缓缓向前行进，下午 5 时许，安全进入发射区。封闭式发射塔架合拢后，工作平台上的空调设备不停地为火箭吹送暖风。

火箭发射有一个最低发射条件，不满足这个条件是不能点火发射的。

“火箭上的推进剂贮箱是金属材料，散热很快，推进剂输送管路很容易冻裂。”刘竹生和大伙儿一样，一边观看火箭转运，一边把这个问题提了出来。

大家商量之后，决定用棉被把贮箱包起来。随后，立刻行动，大家七手八脚地拿来了 200 多床棉被，把火箭的关键部位全部包裹得严严实实。

刘竹生知道，国际航天发射事故大约有 10% 都是由于天气引起的。1986 年 1 月 28 日，美国挑战者号航天飞机，由于 O 型密封圈在低温条件下失效，造成航天飞机在升空 72 秒后爆炸解体，七名航天员全部遇难。这一次，面对低温，中国航天人该如何规避这种情况的发生呢？

12 月 26 日，在预定发射日期的前三天，发射场寒风刺骨，滴水成冰，清晨的气温又降到零下 20 多摄氏度，裹着棉被的载人火箭坚强地屹立在发射台上。神舟四号飞船能否按预定计划起航？火箭能否在超低温环境下发射，成了大家关注的焦点。为了保证火箭安全升空，从早晨 8 时到深夜 12 时，围绕“低温”问题，各级领导召开了大大小小的七次会议，研究、制定火箭发射相关方案。为了确保发射成功，载人航天工程指挥部要求重点针对突发的低温情况，对所有系统开展一次“双想”活动，最大可能地采取措施，进行保温。

“双想”最早是 20 世纪 60 年代军工系统提出来在大型试验中实施的一项质量管理方法，当时叫作“两想”。通过 40 多年的实践，逐步形成了航天军工产品研制过程中用以防范隐患、预防质量风险的质量管理方法和有效途径，称为“双想”活动。

“双想”活动多用于产品出厂前和靶场飞行试验前，它是传统的质量复查和检查确认的深化和创新。随着一院质量管理精细化的日益扩展和延伸，“双想”活动从对过去的研制工作进行回想并对后续工作进行预想的粗放概念，逐步深化为活动目的更明确、工作重点更突出、针对性更强、措施落实更有效的“问题回想”和“事故预想”。“双想”活动已成为一院型号研制节点中一道必经程序，是确保型号飞行试验成功的一项非常有效的措施和重要环节。在航天产品研制试验中开展“双想”活动所取得的成效，越来越显示出其在保障运载火箭发射成功的巨大作用。

“双想”活动的结果经“两总”（总指挥和总设计师）系统审查，提出处理措施，列入试验计划并有效落实，使所有的问题疑点和隐患得到有效处理。

火箭上的液体发动机输送管路温度不能低于3摄氏度，如果低于这个温度，可能会引发管路堵塞，影响电缆插头接触效果。低温还容易导致密封件失效，引起推进剂泄漏。整流罩纵向解锁机构，在低温情况下，由于材料不同，因膨胀系数的差异会引发运动干涉，有可能影响整流罩打开。推进剂、电子产品、机构、润滑脂都有温度要求。

会上，同志们各抒己见，献计献策。发动机是否能抗得住如此低温的环境？推进剂输送管路是否会被冻裂？根据天气预报，过几天，气温会有所回升。发射是否应该推迟？气温不回升怎么办？发射还是不发射？按期发射还是推迟发射……一系列问题摆在面前。作为总设计师，刘竹生必须及时果断地做出决策，而且决策的正确与否将影响火箭发射的成败。

12月27日，刘竹生拿着一份发射故障文件找到总指挥黄春平，文件上写道：去年有一次发射因为温度太低，贮箱尾舱的燃料输送管冻裂，导致发射失败。刘竹生说："火箭的贮箱都是一样的，现在塔架封闭，而且还一直在吹热风，环境温度可保持在10摄氏度左右，火箭尾舱温度可维持在18摄氏度。但是，要求发射前45分钟打开塔架，包裹的被子也必须拿掉，火箭完全裸露在外面，在这种情况下，能否按计划发射？”刘竹生和黄春平感觉事情比较严重，一时无法作出决定。

指挥部经研究决定，推迟一天发射，改在30日凌晨发射。

12月29日早上，又一次召开全体参试队员大会。会上，逐条讨论低温环境对火箭各部位的影响和应该采取的措施，并写进技术文件。为了在发射时使火箭保持发射允许的温度，发射场采取了技术厂房调温、发射塔架封闭、缩短在发射区停留时间的措施。推迟发射塔架的打开时间，从过去发射前45分钟打开塔架，推迟到发射前30分钟打开塔架。

9时40分，开始给火箭加注推进剂。

23时30分，进入发射前一小时准备程序。

12月30日凌晨，突然刮起一阵东南风，温度有所回升。直到此时，刘竹生一颗揪着的心终于放了下来。30分钟准备，发射场气温回升到零下18.5摄氏度，满足低温发射的基本要求。

12月30日0时40分，火箭在人们的期待中，呼啸而起，壮丽起飞！

望着屏幕上放飞的神箭，听着“船箭分离正常”的话语，刘竹生如释重负，一颗绷得很紧的心终于踏实下来。他不由得想起一句古话：不经一番寒彻骨，怎得梅花扑鼻香！

4. 质量控制

质量是生命，质量是效益。

经过几十年的积淀，航天一院形成了内涵丰富的一院文化，其中质量文化的理念深入人心。在经历了多次发射之后，对于运载火箭的质量，刘竹生有着深刻的思考与独到的见解。

要确保火箭发射成功，必须在每一个员工心中牢固树立“质量是航天的生命”的意识，把质量责任落实到设计、工艺、生产和管理等各项工作中。

质量是航天的根本，质量是事业的源头。在刘竹生的理念中，质量之于航天，正如树根之于大树，亦如源头之于大江。信誉铸就品牌，质量决定未来。这些铭刻在航天人心中的质量警言，深刻揭示着质量在航天科技工业中的重要地位。

而质量和成功也不尽相同，二者是相互关联又有区别的两个交叉概念。比如，1995年冬，进行“长二捆”遥七和遥八火箭的发射。这两次发射分别将美国的亚洲二号卫星和回声一号卫星，顺利地送入预定轨道。

刘竹生认为，虽然火箭发射成功了，但并没有从根本上解决存在的质量问题。而且，之前发生的几次发射失败，究其原因，主要在于火箭元器件的生产质量很难控制，许多部件不在航天系统内生产，需要外协，这部分元器件的质量难以保证。

比如，火箭用的铝合金板，质量要求很高，要求纯度越高越好，杂质越少越好。过去，厂家按航天系统的要求，将铝锭的两端去掉，再轧成铝板。但现在一些厂家在生产铝板时，为了节约成本，很少掐头去尾，而是将整块铝材用于火箭材料。用探测仪一检测，到处是杂质和气泡，强度达不到要求。如果用这样的材料造火箭，发射时很容易出现故障。

这不是为火箭发射留下了隐患吗？刘竹生忧心忡忡。

夜晚，皎洁的月光洒在床头，透过窗户，刘竹生望见一轮明月，他回想长二捆火箭从立项、研制到发射的过程。八年里，他从一名普通的设计人员到主任设计师，再成长为副总设计师。研制前期，他负责解决了助推器与芯级的连接与分离技术，解决了大型卫星整流罩的回弹问题。他参加了“长二捆”火箭的每一次发射，在靶场遇到并解决了很多突发问题。这期间，他经历过失败的痛苦，也品尝过成功的喜悦。发射失败时，他承受着巨大的压力，苦苦寻找事故根源，如侦破线索极少的案件一般，困难重重。

1990 年 7 月 13 日，“长二捆”火箭进行第一次试验性发射。发射前，发现传感器密封不严，推进剂渗漏。为了排除故障，魏文举光荣牺牲，多名参试队员受伤。

1992 年 3 月 22 日，“长二捆”火箭进行第一次正式发射。发射时，一台箭上设备的连接点短路，导致发动机紧急关机，火箭没能离开地面，发射失败，险些酿成发射场被烧毁的重大事故。事故发生以后，研制人员除了更加重视产品质量外，对发射控制中心等设施进行了加固和改造。

1993 年 8 月 14 日，“长二捆”火箭进行第三次发射。发射之前，发现助推器内的推进剂贮箱人孔盖处冒黄烟。又是密封件密封不严，说明出厂检验还不够严格。后来对火箭采取了“打补丁”的紧急措施，才算成功地完成了发射任务。发射后进一步加强了对火箭零配件的监管。

1993 年 12 月 21 日，“长二捆”火箭进行第四次发射。发射时，卫星发生了爆炸。事故发生后，取样困难，美方卫星数据保密，双方都找不出故障根源，所以，随后的改进措施并不得当。1995 年 1 月 26 日，长二捆火箭进行第六次发射，类似故障又一次发生，这次，故障原因才彻底查清。

一次次的发射，一次次的意外，一次次的惊心动魄……每次发射时，总师们都心惊肉跳，唯恐哪个零件或哪个电路突然出现故障，那么，厄运就会随时降临。多次品尝了那种战战兢兢、如履薄冰的滋味，刘竹生相信其他型号的总师们也有这种体会，那么该如何确保质量、确保成功呢？有没有什么更好的措施呢？刘竹生反反复复地思考着。在发射之余，在工作闲暇之时，两个字一直在他心底盘旋：质量！

刘竹生知道，曾经有一段时间，发射任务很少失败，当时的产品有“七专”的规定。“七专”包括专批、专人、专料、专机、专技、专检、专卡。专批，就是组织专门批次的研制和生产，从投料、制造、试验到成品交收，使用“专批”管理；专人，就是选择责任心强、技术水平和管理水平较高的专门人员，从事高可靠的“七专”产品工作；专料，就是指定品种、定技术条件、定厂点的专门原材料和零部件；专机，就是指选用性能符合可靠性要求的各种先进专门机械设备和仪表；专技，就是指制定专门的可靠性要求和技术标准；专检，就是指制定专门的检验标准，由专门人员进行检验；专卡，就是指印制专门的产品流程卡及质量跟踪卡。

符合这“七专”的单位，有一套严格的管理办法，才有资格生产航天产品及其构件。按照“七专”标准筛选下来的不合格品，其质量都会比普通产品高出很多。改革开放以后，航天产品的进货渠道多了，“七专”执行得不是那么严格了。为了赶进度，有时候也像民用产品那样到市场上去找厂家订货，泥沙俱下。虽然技术人员也会进行仔细筛查，但不免会有漏网之鱼。

经过一段时间的思考，刘竹生的心里渐渐有了主意。

第二天，刘竹生在质量讨论会上，把有关“七专”的管理办法抛了出来，提出在当前环境下，应该重拾“七专”的管理模式。会上，有些人反对刘竹生的提法，并振振有词地反驳道：“你难道觉得现在的市场经济，就不如过去的计划经济吗？”

刘竹生冷静沉稳，语调坚定：“话不能这么讲，我国的市场经济刚刚开始，当然不如西方社会已发展很久的市场经济成熟。你没觉得我们当前的市场经济有些混乱吗？有些人只顾眼前利益，不顾长远利益，以次充好。我们对元器件的质量心里没底。每次火箭发射时，我们都紧张得很，一个火箭包含上万个元器件，我担心万一哪个元器件不合格，又没有检测出来，在实际发射时就有可能像定时炸弹一般，导致火箭发射失败。如果这样，不仅我们为之付出的劳动白白浪费，给单位和国家造成的损失也会相当巨大。我们不应该完全否定过去的做法，好的应该继承，取其精华，去其糟粕。如果我们的元器件质量能够得到保证，如果设计、生产各个环节形成一整套严格的质量保证体系，到发射时我们还会那么紧张吗？”

声音不高，语速不快，但刘竹生的发言震撼力不小，很多人点头表示赞同。

1996年2月15日，长征三号乙火箭发射美国劳拉公司制造的马步海通信卫星时，星箭俱毁，发射失败。8月18日，长征三号火箭发射美国中星七号通信卫星时，又一次受挫，第三级火箭提前关机，卫星未能正常入轨。连续两次发射事故，导致国际用户、保险界对长征火箭的信心产生动摇，国际客户纷纷撤回合同，卫星公司要求全额退款，金额高达近3亿美元，还造成我国很难拿到新的商业发射合同，发射保险费居全球各种运载火箭之首。

质量！质量！这一系列的事故都与质量有关！看着这一连串的后果，刘竹生痛在心头！于是，他更不遗余力地阐述自己的见解，力争为航天产品质量提升多做一点、再多做一点自己应该做的事情……

他看到，失利使航天人更加认识到质量管理的难度和重要性。在这种形势下，航天系统从上到下发出了“失败不起、没有退路、只能成功”的口号，先后出台了工程管理“72条”，改进质量管理“28条”，改进质量问题归零“双五条”

刘竹生（右一）等在现场检查零配件

等中国航天一系列质量管理条例。一院制定了一系列提高产品质量的规定，重新启用了“七专”管理模式，采取“七专加严”的措施，比过去的“七专”还要严格。除此之外，为了进一步保证元器件的质量，还提出了质量问题归零的规定和“零失效”的要求。

刘竹生暗自点头，在这种严格、严厉的措施之下，质量问题有望彻底解决。

1992 年，在《长征二号 E 遥三、遥四火箭质量管理》中提出了“举一反三”“采取针对性措施”及“分阶段归零”等。1993 年，在《长征二号 E 质量管理要求》中，再次提到“五个阶段”的质量问题归零管理，“归零”概念及程序要求在此期间逐渐深化，经过一个时期的发展完善，形成了较为完善的制度化要求。

1995 年 8 月 17 日，航天工业总公司在《中国航天工业总公司质量问题归零的管理办法》中，第一次明确提出了“质量问题归零”，从质量问题定位、机理、性质、责任、措施等方面，明确了“质量问题归零五条标准”的最初概念。

所谓质量问题归零，就是一旦出现质量问题，就要求一查到底，彻底地消灭它，使问题归为“零”，保证在以后不再出现类似问题。

质量问题归零分技术归零和管理归零。技术归零是指针对发生的质量问题，从技术上按照“定位准确、机理清楚、问题复现、措施有效、举一反三”的五条要求逐项落实，并形成技术归零报告和技术文件的活动。管理归零是指针对发生的质量问题，从管理上按照“过程清楚、责任明确、措施落实、严肃处理、完善规章”的五条要求逐项落实，并形成管理归零报告和相关文件的活动。要求广大航天科技人员在开展质量问题归零工作中，紧密地把技术问题归零五条标准与管理问题归零五条标准结合起来，从而达到完善管理机制、改进管理工作、提高管理水平的目的。

1995 年，航天工业总公司下发质量问题归零标准。此时，刘竹生正担任“长二捆”火箭副总设计师，狠抓产品质量。航天科技工业制定了一系列的管理文件、规章和制度，刘竹生一方面组织大家学习上级部门的质量保证文件，另一方面认为关键在执行。工作中一旦发现问题，他会毫不含糊，绝不留情面。刘竹生还因此得到个“黑脸包公”的称号。

黑脸也好，白脸也罢，刘竹生并不在意别人的称呼，质量在他心里，是最重要的。

不过，刘竹生也理解大家对许许多多有关质量的条条框框的心情。经过仔细琢磨，他把复杂的质量控制文件和标准进行提炼，简化成一个“十六字”口诀：源头控制、行业水平、九抓九查、责任到人。按照这个标准来贯彻执行，他认为，质量问题就会得到有效的保障。

所谓源头控制，就是要将研制从状态控制抓起，生产从元器件质量抓起，设计从元器件选用抓起，试验从基础试验抓起，管理从规章制度抓起，工作从计划布置抓起。

所谓行业水平，就是火箭的设计水平要达到国内同行业的最高技术水平，主要抓七个方面的工作：设计确保可靠安全，软件确保工程化，技术确保同行水平，归零确保五条标准，产品确保最优状态，测试确保覆盖上天，发射确保严、细、慎、实。

所谓九抓九查，指的是对九项工作内容在研制中进行“九抓”，在出厂前进行“九查”。九项工作包括状态、复核、验收、覆盖、联试、归零、待办、疑点、配套。

所谓责任到人，包括填写进场前的复查表和发射前的责任表，确保责任到人，针对单机设计、系统设计、软件设计、制造及元器件，由责任人签名填写复查表、确保成功责任表、避免二类故障模式责任表及安全控制责任表。

1999年10月7日，长征二号F火箭首次发射前，在发射区进行全系统气检时，发现助推器上一个燃料加注阀门漏气。如果在实际发射中发生阀门漏气，后果将不堪设想。刘竹生坚决要求并组织相关人员彻底查清阀门漏气的原因。

先将阀门分解，对零件进行外观检查。检查中发现，阀门一面有两道微小的压痕。初步断定是多余物造成接触面损伤。然而，在零件分解过程中却没有发现多余物。由此推断多余物在中间环节已经脱落。虽然多余物脱落，但已造成压痕，所以阀门在低压下漏气。

对于火箭上的任何零配件，都来不得半点含糊，一个小小的失误就有可能酿成大祸。

首先对问题进行复现试验。将分解的阀门重新装配，并把阀门双道压痕部位作标记，把酒精倒入阀门内，确定漏气的具体部位。漏气部位正是在双道压痕处，证明阀门漏气是由阀门复位不好造成的这个定位是准确的。

把故障阀门更换掉以后，随即对其他阀门进行气检，均未发生漏气，说明问题阀门不是批次问题。

10月12日，火箭返回技术区后，重新对全箭阀门进行低压和工作压力下的气检，漏气量均符合要求。

载人航天工程，因为载人，人命关天，只能成功，不能失败。高质量、高可靠、高安全是载人航天的生命线。火箭不像电视机、电冰箱，坏了拿去修理一下还能用。火箭点火升空后，根本没有回头重来的机会。因此，在长征二号F运载火箭的研制中，必须全面贯彻“质量第一、安全至上”的研制思想，建立一整套严格的质量管理保障体系。抓元器件、原材料的源头；抓设计源头；抓生产工艺源头。对设计和生产过程的质量进行严密控制；对元器件实施“五统一”管理，采取“七专加严”措施；对产品进行下厂验收；实施元器件和单机产品两个100%筛选及部分系统级的筛选；对出现的质量问题，进行技术和管理上的“双归零”等，以确保运载火箭高质量、高可靠、高安全要求的实现。

不怕繁琐，胆大心细，刘竹生反复告诫身边的同事，要牢记质量这个红线。百分之百的成功是可望而不可及的，但只要时时事事注重质量，中国航天的成功一定会得到有效延续，航天事业必将迎来崭新的篇章！

刘竹生

刘竹生院士传记

Academician Liu Zhusheng's Biography

第十一章

千年梦圆

太空拥有地球上所没有的或难以达到的环境条件，如失重、高真空、宇宙辐射、超低温和超洁净等，人类可以在太空研究地球上解决不了或很难解决的很多问题。

——刘竹生

1. 载人工程

遨游飞天，一梦千年。

随着载人航天工程的逐步推进，中国航天距离载人飞天的梦想，已经越来越近了。

刘竹生知道，在实现首次载人飞行之前，苏联发射了7艘无人飞船，美国发射了8艘，而中国只进行了4次无人飞行试验——从神舟五号开始，中国的飞船将载着第一位航天员飞离地球，遨游太空！

从1992年到2003年，中国航天人向着载人航天的目标奋斗了整整十一年。100多个单位和部门的全力承担，3000多个单位鼎力协作，数十万人的辛勤工作，在2003年，终于要迎来一个阶段性的成功！

2003年2月16日，长征二号F运载火箭试验队举行发射前总动员，颁发“责任令”，刘竹生走向前，接下重如千斤的责任令，立下了钢铁般的誓言：确保发射万无一失！

庄重的承诺，坚毅的决心。刘竹生自信，中国航天一定能不辱使命。

工作上，刘竹生全身心投入，生活中，他的话题也往往与火箭有关。一次在与妻子聊天时，一不小心，他给妻子上了一堂航天科技知识普及课。

一天，妻子王丽珍迫不及待地将白天她和姐妹们争论的内容告诉刘竹生："今天我们几个讨论我国搞载人航天的事，争论得挺激烈。"

刘竹生好奇地问："你们都争论些什么？"

"当然是有人拥护，有人反对了。"妻子接着讲："反方的观点大体上是说美、苏两国早我们30年就已经搞出载人火箭了，我们现在花那么多钱再搞没什么实际意义，我国当务之急应该是搞经济建设，使人们的生活水平提高才是正道。拥护的一方说，载人航天能振国威，提士气，对科技发展和国民经济能起到牵引作用，能够带动其他行业发展。但具体怎么牵引，谁也没说清楚。"

刘竹生反问道："那你觉得我国该不该搞载人航天项目呢？"

妻子想了想，摇了摇头说："正方、反方，我觉得都有道理，具体我也说不太清楚。"

刘竹生有点着急地说："你怎么也不知道呢？我跟你唠唠，然后你再看我国该不该搞载人航天。"提到载人航天，刘竹生的话匣子就打开了。

"载人航天是一项大工程，其收益是长远的，不像生产个杯子很快就见效益。对我国科技发展有牵引作用，一个是指载人航天涉及的领域比较广，如材料科学、电子学、空间生命科学、天体物理学等，可带动这些学科的发展；另一个是太空拥有地球上所没有的或难以达到的环境条件，如失重、高真空、宇宙辐射、超低温和超洁净等，人类可以在太空研究地球上解决不了或很难解决的很多问题。比如，20世纪70年代，美国在阿波罗载人飞船和天空实验室上进行实验，曾生产出纯度极高的单晶体。在天空进行焊接实验，焊接镍和不锈钢管，焊接效果十分理想，中间没有空隙或小孔。再比如，在空间制药，不仅生产速度快，而且药品的质量高。在空间制造用于治疗肾病的尿激酶，其提取纯度比在地面上生产的高5倍，生产速度高400倍。美国航天员在天空实验室进行了100多项地球观测，其中包括农作物的长势、病虫害的蔓延、森林火灾、积雪覆盖和融化情况等。”

妻子点点头说：“你这么一说，我明白了点，载人航天不仅对国家意义重大，对我们人类本身的意义也非同小可。”接着她又问：“这么好的事，我国为什么不早点干呢？”

刘竹生解释道：

“早在1965年，即苏联和美国先后把航天员送上太空后不久，我国就开始探讨载人宇宙飞船计划，并给我国第一艘载人飞船起了一个响亮的名字——‘曙光一号’。这个项目研究了足足有十多年，但是，一是当时我国的火箭技术基础薄弱，二是当时我国处于‘文化大革命’的运动中，最后还是半途而废了。”

“改革开放一开始，我国又开始论证载人航天项目，从设计能力、工艺水平，甚至经费需求都计算出来了，大约需要六七亿元，但因为经费无法落实，项目无法上马。”

刘竹生有些气愤地说：“那阵子，报纸上曾经报道，我国用公款吃喝的数额一年能达到200多亿元。我们这个项目，只不过需要六七亿元，如果少吃点，这笔钱不就省出来了嘛。”

妻子笑着说："你又书呆子了吧！公款吃喝的歪风必须由国家来制止，载人航天也必须由国家决定才能做成。"

无论在哪里，刘竹生的心里一直把载人工程放在首位，哪怕面临的是一场肆虐横行的瘟疫。

2003年初春，万物复苏，正当人们度过漫长的严冬、怀着喜悦的心情准备拥抱大自然时，一场突如其来的"非典"疫情袭击了中国很多省份，首都北京疫情最为严重。但此时，航天人探索太空的步伐不能因此而减慢，而要急速前行。刘竹生带领同事们没有丝毫放松运载火箭的研制，一如既往地辛勤工作。而在国际上，这一年，航天灾难频发，事故一再出现。

2003年2月1日，美国哥伦比亚号航天飞机失事；5月4日，俄罗斯联盟号飞船偏离轨道，与地面失去联系；8月22日，巴西原定于25日发射的一枚运

长征二号F遥五飞行试验出征仪式（前排右三为刘竹生）

载火箭，在发射台上发生爆炸，造成21人遇难，数十人受伤，发射台坍塌。国际航天界屡遭挫折，举步维艰。

然而，中国迈向太空的脚步不能停歇，别人的失利不能导致自己踯躅不前。中国做出决定：计划2003年10月使用“长二F”火箭如期发射神舟五号飞船，实现首次载人飞行。

按照计划，2003年8月23日，长征二号F运载火箭组件运到发射场。在刘竹生的组织下，火箭的箭上仪器都已安装完毕，一项项检查顺利过关，一切工作进展得十分顺利。

2003年9月3日，火箭系统开始加电试验。刘竹生等人坐在测试台后面，一丝不苟地盯着屏幕上由前方传来的数据。不久，屏幕上突然出现了几排红字，这是以往曾经出现过的情况，属于正常现象。但没过多久，前方测试场传来消息：火箭一级四台发动机出现最大摆幅，火箭内出现碰撞声。

碰撞声！刘竹生的心里“咯噔”一下，猛然站起来！

刘竹生一边飞快地回忆着每个环节，一边迅速赶到垂直测试厂房现场了解情况。他想到，此次参加神舟五号飞船发射的参试队员都是经验丰富的成熟能手；而从火箭零件采购到火箭研制、试验，每个环节，大家都做得十分精细。在这个关键时刻，怎么会出现这种情况？

当大家赶到现场时，发现原来是操作手无意中把测试插头插错，导致了发动机不正常摆动。

刘竹生仔细检查出现这种失误的缘由。他知道，为了保证各个环节不出错，一院明文规定，岗位实施双岗制原则，即任何操作均需要双岗人员都在场，并且只有在二岗人员实施有效监督的情况下，一岗人员才能操作。双岗搭配，大大降低了失误的概率，是一种有效的管理方式。但这次，在一岗操作手将插头插入插座的时候，二岗人员并没有做到有效监督。这在现实中是比较少见的。

此时，距载人发射预定的日期只有一个多月。关键时刻发生这种事情，大家心情都很沉重，也很着急，不知道发动机是否被碰坏了。作为火箭的心脏，发动机是关键设备，当时已经和推进剂贮箱安装在一起，做过整体密封检查，在发射场无法进行查看，如果出问题，只能拉回北京处理。

刘竹生和总指挥黄春平赶紧召集人员，根据碰撞情况、电流大小以及发动机摆幅等因素，初步估算发动机受到的冲击大小，同时派人到实验室察看以前的试验数据，进行比对。经过初步分析，刘竹生和黄春平达成一致意见，认为发动机所受到的冲击力并不大。

事件发生后，刘竹生赶紧组织专门人员开展故障分析和验证试验工作，他们对照发动机图纸，详细分析和研究了其宜受损部位及需进行的试验验证工作。大家最担心的是，发动机的密封环是否受到损伤。发动机和伺服机构在出场前都做过较大的摆动冲击试验，但没有做过插头插反状态的试验，谁也不知道这样的冲击会有多大。如果完全按照故障状态做试验，只有分解发动机，才能观察到密封环是否受损。按照要求，为了验证密封环是否受损，要做四项试验：一是正常的冲击试验；二是伺服机构故障状态下的冲击试验；三是完全故障状态下的等比模拟试验；四是补做发动机试车（试验）一次。

很快，前两项试验结果出来了：伺服机构故障工作状态下发动机所受的冲击力远小于正常的试车冲击值。看到这个结果，大家都松了一口气，可说明误操作没有对火箭造成破坏性影响。为了保险起见，又赶紧按照真实状态做了第三项试验，结果一切正常。为了确保火箭发射成功，又做了一次发动机点火试验。

四项试验全部成功，刘竹生悬着的心彻底放下了。

然而，刘竹生并未停止思考。火箭一旦发射，就不受人为控制了。因此，在发射之前，他的脑子总是在飞快地运转，不断回想还有哪些地方应当再次进

长征二号F运载火箭英姿雄发

行检查，还有哪些地方需要注意。

2. 飞天梦圆

金秋时节，金黄色的树叶挂满枝头，给酒泉卫星发射中心带来梦幻般的感觉。

2003年10月15日凌晨，胡锦涛总书记来到航天员公寓——问天阁，接见了以杨利伟同志为首的三名首飞航天员候选人——杨利伟、翟志刚、聂海胜。三人之中，杨利伟将作为我国第一位探索太空的勇士出征。

10月15日6时15分，天蒙蒙亮，杨利伟整装待发，镇定地进入飞船，从容地进行航天服气密性检查等准备工作，向指挥员报告："准备就绪。"

而在发射场地，周围站满了观看的群众，他们像过节一样兴高采烈。攒动的人头，沸腾的心情。

长征二号 F 运载火箭发射

其中既有白发苍苍的老人，也有一脸激情的年轻人，还有朝气蓬勃的少年儿童。

上至国家主席，下到黎民百姓，大家都在期盼——期盼亲眼看到那激动人心的历史性时刻，亲眼见证中国首次载人航天的成功。

9 时整，58.3 米长的长征二号 F 火箭和神舟五号飞船的组合体，载着中国第一位航天员杨利伟直上云霄！

120 秒，逃逸塔顺利分离；

136 秒，4 个助推器与火箭分离；

159 秒，二级火箭顺利点火，一、二级分离；

一个又一个关键节点顺利通过。

“雷达跟踪正常。”

“飞行正常，遥测跟踪正常。”

刘竹生在飞行控制中心紧盯着大屏幕，甚至不敢眨一下眼睛，激动而紧张。随着火箭的升高，刘竹生的心似乎也跟着火箭一起飞上了太空。听到一个接着一个的“正常”，刘竹生感觉这是他所听到的世界上最美的音符，比听到什么都动听、高兴。

200秒，火箭已经飞出大气层，整流罩像花瓣盛开一样打开，与火箭分离。一缕阳光射入返回舱，照在我国第一位航天员杨利伟身穿的航天服上，“神舟五号报告，整流罩分离”，这是航天员杨利伟的声音，这也是中国航天员首次从太空中发回的声音。

587秒，船、箭分离，飞船准确入轨。火箭圆满完成预定发射任务。

火箭发射期间，陆上布有9架直升机待命，2架运载伞兵的运输机，2架大型运输机；在5000多千米的海域设了A、B、C三个海区，布置了6艘打捞船、1架舰载直升机、2架海上巡逻飞机。准备万一出现意外时，进行应急搜救。

逃逸塔没有用上，海上降落方案也没有用上，成功发射是用不上这些物件的，刘竹生甚感欣慰。入轨后，从地面清晰地听到杨利伟的报告：“太阳帆板展开。”这是决定飞船能否正常在轨运行的关键动作。此时，终于得到航天员的证实，证明首次载人飞船发射圆满成功。

9时42分，中国载人航天工程总指挥李继耐宣布：“神舟五号载人飞船发射成功！”指挥大厅里响起一片热烈的掌声。

欣喜涌上心头，欣慰涌上心头，刘竹生感慨万千，一派心绪难言。往昔的一幕幕仿佛就在眼前，曾经的殚精竭虑，曾经的忧心忡忡，曾经的忐忑不安，曾经的痛彻心扉，都历历在目，挥之不去……

在现场，一脸笑容的胡锦涛总书记作了重要讲话，对载人航天的成就给予了高度评价。他说道：

“举国上下期盼已久的神舟五号飞船的发射已经取得成功，我国自行研制的飞船载着我们自己的航天员顺利进入太空，这标志着我国首次载人航天飞行初战告捷，也标志着中国人民在攀登世界科技高峰的征程上，又迈出了具有重大历史意义的一步…… 我国载人航天事业取得了举世瞩目的成就，谱写了中华民族自强不息的壮丽诗篇，这不仅是参与载人航天事业的全体同志的荣耀，更是我们伟大祖国的荣耀！同志们，你们为祖国、为人民、为民族建立的卓越功勋，党和人民永远不会忘记！”

高度的评价，真诚的赞誉。听着总书记的话语，刘竹生的心里有点微微的熏醉，感觉是那么温暖而甘甜……

10月16日凌晨5时30分，飞船绕地球飞行14圈、在轨运行20多个小时后，准备返回地球……

10月16日早6时23分，我国第一艘载人航天飞船“神舟五号”成功返回地面，长征二号F火箭发射神舟五号飞船取得圆满成功，杨利伟在太空飞行21小时23分钟，行程60万千米。“太空勇士”杨利伟走出舱门，向祖国挥手致意！

一瞬间，北京航天飞行控制中心沸腾了！祖国各地沸腾了！

中国从此成为第三个将人类送入太空的国家。

飞天之梦，千年心愿，至此梦圆！

3. 再战再捷

航天大国，华夏神州。

在中国航天史上，有三次里程碑事件，其中包括载人航天工程——乘坐着长征二号F运载火箭，杨利伟驾驶飞船遨游太空，昭示着中国人有能力步入神秘的太空。同时，从技术的角度，这也标志着我国突破和掌握了载人航天的基本技术，完成和实现了这些技术：载人运载火箭和载人飞船的可靠性增长技术、逃逸与应急救生技术、环境控制与生命保障技术、舱内航天服技术、升力控制返回再入技术、航天员手动控制技术、多任务多分离面的大型整流罩技术、新型测试发射技术、与国际接轨的S波段统一测控通信技术等。

然而，这并不是中国人迈向太空的终点，相反，恰恰是中国载人航天工程第一步的计划和目标。还有第二步、第三步需要迈进。

恰在此时，刘竹生总设计师萌生退意。

并不是抱着爱惜名声、功成身退的心思，刘竹生更多地发现，自己在研制队伍中有点“孤单”了。“长二 F”火箭的技术领导班子进行了人员更换，总指挥、副总指挥、副总设计师，几乎全部换成了年轻人，只有刘竹生这一位老将继续担当总设计师。过去，开会讨论问题时，大家经常争论得很热烈，哪怕面红耳赤也不会有隔阂的感觉——都是同年龄段的，每个人的发言没啥顾忌，因而思路广阔，容易使总设计师听到不同的意见，兼听则明。而现在，每次开会的时候，只有刘竹生一位是老将，年轻的领导总是礼让三分，尤其在技术问题上，哪怕心里有方案、有主意，也不好意思张口反驳，因而，这种会议的结果往往就是一人独大。

这哪里还有点技术民主的作风呢？刘竹生有点闷闷不乐了。自己虽然工作多年，积累了丰富的经验，也不能包揽全部，何况火箭本来就是一个团体作战的事业啊。刘竹生记得，当年在建院之初，钱学森兼任一分院院长的时候，采用的方式方法就是技术民主。他曾听年长者提到过，每个周末，钱学森都会把任新民、屠守锷、黄纬禄、梁守槃四人请到自己的家里，大家畅谈技术，各抒己见，而后由钱学森综合判断、予以拍板。这样，在钱学森的言传身教之下，技术民主的风气在一院蔚然成风。最典型的就“八年四弹”规划，就是发动技术人员献计献策、综合了大部分的智慧集结而成的，务实清晰，科学客观。

技术民主，应该是代代相传的法宝啊！不能在自己这里丢失了，否则，自己内心难安！

找到上级领导，刘竹生主动提出辞职。他说：“不能畅所欲言，就做不到技术民主，就不利于火箭事业的发展。我认为，应该尽快让年轻人挑起大梁。”江山代有才人出，一代新人换旧人。刘竹生认为，未来是属于年轻人的时代，这才符合历史的规律。同时他大度地表示，会随时等候调遣，会不遗余力地给予辅助——扶上马再送一程，也是分内职责嘛！

经过上级领导的一再权衡，给出了明确答复：“以大局为重，主动要求退下来，这种精神值得赞扬……但‘长二 F’火箭第一次载人发射刚刚结束，有些技术问题还亟待解决。”

望着领导殷切的目光，刘竹生点点头：“好吧，我再干一阵子。”关键时刻，

刘竹生（前左）等观测火箭飞行数据

刘竹生认为自己没有退缩的理由；再者，不把有些技术问题彻底圆满地解决，多少是一种缺憾。

再接再厉，刘竹生继续担任总设计师；精益求精，刘竹生组织开展了后续一系列研制工作。

作为第一位乘坐飞船进入太空飞行的中国航天员，杨利伟在飞行中的感受，对于火箭研制负责人来说，必须要认真听取。座谈会上，刘竹生和年轻的技术人员听到这位中等身材的年轻人说到，在助推器与主火箭分离前约 20 多秒的时间里，自己的身体感到很不舒服。这就是刘竹生最需要听到的，也是后续载人航天工程亟待解决的问题。

知己知彼，百战不殆。掌握了第一手信息后，刘竹生立刻组织技术人员进行技术攻关，力争增强航天员的安全性和舒适性。他们调出神舟五号飞船的飞行遥测数据，对所有数据进行细致的观察和分析，发现当火箭飞行到约 120 秒时，助推器分离之前，火箭的低频振动频率为“8Hz”，此振动一直持续到助推器关机，总共持续了约 20 秒，正好与杨利伟的叙述相吻合。这一振动频率与人体内脏的振动频率接近，所以，航天员感觉不舒服。

攻关小组首先查阅了大量国内外相关资料，了解这种振动形成的机理。火箭在上升过程中，不仅会产生横向振动，还会产生纵向振动。纵向振动是由箭体结构、液体推进剂输送分系统及发动机分系统三个部分形成的耦合自激振动造成的，就是发生了共振，这种现象叫POGO现象，又称“纵向耦合振动”。

针对这种情况，刘竹生采取双管齐下的做法，一方面组织设计队伍分析建立POGO抑制设计模型，完成理论分析工作；另一方面组织大家进行各种推进剂管路试验，验证模型的真实性，确定长征二号F火箭第六发的研制方案。

对于耦合振动的研究，国外很早就开始了——早在20世纪70年代实施“阿波罗”登月计划时，美国航空航天局曾开展过此项研究。此时，中国也开始了这项研究，但只限于“光杆”构型火箭，对捆绑式火箭没有深入研究。在刘竹生的主持下，实施了POGO抑制方案，在一定程度上抑制了“8Hz”POGO振动——打个比方说，乘坐神舟五号飞船好比坐卡车一样上下颠簸，而乘坐神舟六号飞船则好比坐轿车一样舒适平稳。

利用火箭遥测系统的现有资源，刘竹生组织科技人员首次在国内运载火箭上研制了图像测量系统，并应用于神舟六号载人飞船的飞行任务。在系统实现过程中，因不能改变现行的遥测体系，只能采取调整遥测参数、选择适当的图像压缩比及图像按飞行顺序进行切换的方案，较好地解决了对飞行关键点的图

刘竹生（中）与马兴瑞（右）、李洪（左）现场研究技术问题

像观测，保证图像实时传输。而火箭图像还能够参与火箭飞行的故障报警，成为故障监测、故障判断的手段之一。

在之前火箭的基础上大胆创新，长征二号 F 火箭以崭新的面貌，呈现在世人面前。

2005 年 10 月，携带神舟六号飞船的火箭转场到位。这一次，将有费俊龙和聂海胜两名航天员步入太空。

10 月 7 日，酒泉卫星发射中心上，火箭笔直而立，蓄势待发。

在巨大的发射架前，火箭总设计师刘竹生接受了《南方日报》记者的专访。面对记者，刘竹生亲切而平和地侃侃而谈。他告诉记者，此次新的火箭有了“新超越”。相对发射神舟五号飞船的火箭而言，此次的火箭在飞行的可视性、可靠性、乘坐的舒适性等方面均有所提高，更加人性化。他如数家珍般娓娓道来，语气中不乏自信与自豪。

本来嘛，不败工程、以人为本，这个理念已经深入到了刘竹生的骨髓里。

10 月 11 日，火箭转运到位后开始测试，而后开始加注推进剂。10 月 12 日凌晨 5 时，火箭进入发射前的 4 小时准备。但此时，天气出现了异常——刮了

刘竹生（右）、梁小虹（左）等在酒泉卫星发射中心讨论问题

一宿的八级大风不仅没有减弱的迹象，在这个关键时刻却又飘起了鹅毛大雪。

天气异常，人需冷静。刘竹生组织人员准备了很多套预案，方案细致周密，精确到更换设备需要的顺序和时间。火箭发射时的环境，火箭飞行中的环境，包括温度、电场、风向等因素都必须考虑。面面俱到，有备无患。而这种狂风暴雪的情况，也在预案之中。刘竹生和他的同事们为此次发射做足了充分的准备。

凌晨，凛冽的寒风停下了奔跑的脚步，漫天的雪花停止了飞舞。清冷的早晨，酒泉卫星发射中心上火热一片。

5 时 58 分，指挥部命令：发射按原计划进行。

6 时 15 分，费俊龙和聂海胜进入飞船。

7 时 20 分，一轮红日自东方喷薄而出，满天都是红艳艳的彩霞。极目远眺，戈壁滩上，长身伫立的是乳白色的长征二号 F 运载火箭。在朝阳的映衬下，更显得威武壮观。

9 时整，长征二号 F 运载火箭携带着神舟六号载人飞船准时起飞！

没有任何意外，此次发射圆满成功，载人航天工程又迈出了坚实的一步！

这次火箭采用的图像测量系统发挥了较好的作用。在火箭飞行中，系统清晰地传来火箭飞行和分离的全过程图像。相对于数据评判的方式，这种画面观测得直观真切，为深入评价火箭飞行结果提供了重要的依据。

再创佳绩，刘竹生甚是欣慰。神舟六号飞船发射圆满成功，刘竹生的总师生涯至此画上了圆满的句号。

刘竹生

刘竹生院士传记

Academician Liu Zhusheng's Biography

第十二章 为人师表

我发现，当硕士生和博士生导师，在培养学生的同时，自己也能得到很大的提高和升华。对，这就是那个词，叫“教学相长”。

——刘竹生

1. 育人不倦

鹤发银丝映日月，丹心热血沃新花。

时光荏苒，到 20 世纪 80 年代中期，刘竹生已在航天战线上奋斗了二十余年。航天一院在科学的春天里再度青春焕发，不断增添新鲜的血液。一拨又一拨朝气蓬勃、精力旺盛的年轻人，从国内知名院校走来，从国外著名学府走来，从相关科研机构纷至沓来。看到这一张张年轻的面孔，刘竹生的心里很是喜悦。

但遗憾的是，刘竹生发现，不少年轻人工作没多久，便陆陆续续地调走了，他们大多去了外企或私企。刘竹生知道，高薪的诱惑是必然的因素。几年下来，分配到总体部总体室的十余名年轻人，踏踏实实留下来的只剩下两个人了。其中一个名叫张庆伟。

从西北工业大学本科毕业后，张庆伟先在航空部的一家研究所工作了两年，然后又考入西北工业大学攻读硕士研究生，1987 年 8 月，研究生毕业后分配到中国航天工业总公司一院总体设计部总体室工作。当时，刘竹生担任总装组副组长。人事处的同志把张庆伟带到刘竹生这里进行面试。

看着这个戴着眼镜、文质彬彬的年轻人，听到他不疾不徐、条理清晰的话语，刘竹生顿生好感。了解了一下张庆伟的基本情况，刘竹生简单地介绍了本单位工作的性质，而后，他认真地对张庆伟说：“作为年轻人，到一个单位工作之前，一定要对这个单位有充分的了解，因为你的决定可能会影响你一辈子的前途。”刘竹生把组里的情况实事求是地介绍给小张：“我们组是总装组，主要负责火箭总装、结构设计以及和地面设备相关的设计和技术……但是，我们组的业务面比较广，对于新来的同志，有利于全面了解火箭设施和提高业务水平。总装就是总体装配，做这项工作便于了解火箭结构，组装顺序。再比如地面设备这块业务，我们要给发射场提要求，厂房需要建多大，门要求多高，供电量要求多大，需要配备多少插座，所有这些都由我们组提出。”

看着眼前这名年轻人，刘竹生语重心长地接着说：“你是飞行器设计专业毕业的研究生，我们组正缺少你这样的人才，如果能到我们组来，有些工程问题能从理论上进行深入论证，这正是我们所需要的，我们组的地位也会由此得到提高。你是否愿意来我们组，可以回去好好考虑考虑再作决定，也不迟。”

朴实的话语，坦诚的心态，客观的分析，赢得了张庆伟的尊敬。两天后，总装组迎来了这名新人。

入院以来，张庆伟一直保持一种谦虚谨慎的态度，跟随着组里有经验的同事学习、实践。刘竹生计划，两年之后，可以让这名年轻人独立承担一些课题。他创造机会让小张赴发射场参与火箭发射工作，亲身熟识火箭发射的整体流程，增加对火箭的感性认识。他知道，通过现场参与解决实际问题，小张在火箭装配、试验和应急等很多方面，都会得到有效的锻炼和提高。

不仅如此，刘竹生认为，从航天事业持续发展的角度出发，总体设计部应该为青年人搭建发展平台，让年轻人尽快成长起来，让他们承担重担。用行内的话说，就是“压担子”。起初，刘竹生曾试探着让张庆伟做些小项目，他从中发现，小张不光理论水平扎实，而且善于活学活用，计算机应用水平高人一筹，是棵好苗子。当“长二捆”火箭研制任务进入关键时期时，刘竹生承担整流罩分离设计方案的课题，主动提出吸收张庆伟作为攻关课题组的成员之一，让他从理论上验证方案的可行性。

当时，计算机的普及率不高，室里只有两台计算机，谁来得早，谁就可以先使用。课题研究期间，小张总是第一个到达办公室，也就成为计算机的使用者。经过20多天的辛勤劳动，整流罩设计方案终于完成，并成功地进行了两次地面分离试验。试验中，高10.5米、直径4.2米的超大型整流罩按照设计要求顺利分离，圆满地解决了棘手的难题。1992年，该方案获航空航天工业部科学技术进步二等奖。

看到年轻的科技人才迅速成长，刘竹生欣慰在心。当研究室主任表扬刘竹生在型号研制中的重要作用与突出贡献时，刘竹生憨厚地一笑：“没有其他同志的帮助，凭我一个人的力量，就是整天不吃不睡，问题也解决不了。”他主动推举张庆伟为年度优秀员工。

没有辜负刘竹生等人的期望，张庆伟很快成为一名技术骨干，工作卓有成效。随后，他成为长征二号F火箭总体副总设计师，几年后，又被任命为一院副院长、中国航天科技集团公司总经理等职务。

无论是领导张庆伟工作，还是在张庆伟的领导下工作，刘竹生都兢兢业业，心境平和，没有因为领导关系的变更而有什么情绪的变化。在张庆伟领导的工作中，需要刘竹生配合服从的时候，他一丝不苟，一如既往地严谨务实。

不计名利，没有私念，不少人背后悄悄竖起大拇指："这老刘，这么无私，真行！"

1987 年，与张庆伟同一年分到总装组的还有北京航空学院飞行器设计专业毕业的张智。刚见到刘竹生的时候，面对这位高个子技术骨干，张智黝黑的脸庞上显露出些许忐忑和局促不安。刘竹生却丝毫没有摆架子，从兜里掏出一根烟来递过去："会抽烟吗？来来来，边抽烟边聊。"接过刘竹生递过来的烟，小张的紧张感一下子消除了。

没想到这么知名的专家还能这么平易近人，张智显然有点意外。但随后他发现，工作中的刘竹生认真严谨，丝毫不马虎。一天，张智把自己撰写的科研论文拿给刘竹生看，向这位前辈请教。几个小时后，他收到了修改后的论文，看到上面是满篇的红线和红字。仔细一看，他不光对文章的结构进行了调整、文字进行了修改，就连标点符号也作了更正。

仔细阅读论文，张智发现好几处被修改的地方属于低级错误，是自己粗心大意造成的。真是不好意思，张智的心里有点惭愧，没想到刘工这么严谨。以后，自己也要多向刘工学习。科研还真是来不得半点马虎啊！此后，无论写论文还是写报告，张智养成了一个好习惯：多检查几遍，保证不出现低级错误。随着这个习惯的养成，张智撰写论文和报告的水平迅速提高。

看出张智是一位善于学习、善于钻研的人才，刘竹生就有意将一些有难度的课题让他负责。平日里，刘竹生解决关键技术问题时也有意让他参与，给予他更多的机会。在刘竹生的关注下，2014 年，张智成为长二 F 运载火箭的总设计师。

没架子，没私念，有风范，有水准。在年轻人的心中，刘竹生的形象与众

刘竹生（右二）为青年员工答疑解惑

不同，不计名利得失，甘为他人铺路。在工作中，刘竹生培养了一个个年轻的航天科技工作者，带他们走上科研大道，助他们承担科技项目，促使他们成长为科技精英人才。

2. 硕博导师

1995年8月的一天，刘竹生风风火火地来到单位，刚打开风扇，电话铃声响起，机关领导把刘竹生叫去，说有事找他。刘竹生来到总体部办公室，机关领导对他说："教委把我们单位定为硕士生定点培养单位，经过研究，领导决定让你担任硕士生导师。"刘竹生很是意外，好一会儿才说："我能行吗？别误人子弟啊。"

机关领导温和地说："我们是经过深思熟虑的，今年是1995年，你从事航天工作已经有30多年的经验了。这期间，你完成过很多重大课题，解决过不少难题，你的理论知识水平也很扎实，再说，你评上研究员也有好几年了，现在绝对称得上一名火箭专家了，我相信，你带学生没有问题。”

“那好吧！”刘竹生便不再推辞。至此，刘竹生除了担任研究室副主任职务，管理室里的业务和一部分行政事务外，还要负责外星的发射任务，已经很忙碌的了，如果再带学生，肯定会更忙。但刘竹生不怕忙。多少年来，他一直像蜜蜂一样忙碌着，现在既然接受了担任硕士生导师的任务，就一定要当个称职的导师。

回顾上大学时，有些老师的教学方法现在看来不利于学生的成长，比如，内容讲得过多、过细，没有给学生留有思考的余地等。而有些老师则采用启发式的教学方法，让学生自己思考、自己动手、自己推导公式。两相比较，还是启发式的教学方法更胜一筹，学生能学到更多的知识，收获也更大。刘竹生确定了自己当导师的原则：不能填鸭，要启发。授人以鱼，不如授人以渔。

刘竹生接收的第一位学生叫杨虎军，北京航空航天大学飞行器设计专业的大学毕业生，小伙子看上去机灵活泼，活力四射。刘竹生对杨虎军说道：“选题很重要，我们应该着眼于国际航天界领先的技术。”导师的一句话，激发了小杨的热情，他好奇地问道：“那目前国际航天界领先的技术都包括什么呢？”

“航天技术涉及的专业类别相当多，这点你肯定知道，而目前国际航天界领先的技术也很多，我建议你首先大量阅读国内外相关资料，从中找出一种既是国际上先进的、又是我国航天业发展急需的、同时也是你感兴趣的技术项目，作为你的研究课题。”刘竹生答道。

按照导师的要求，小杨从大量的航天技术资料中挑选出一些题目，感觉很难定夺，又找导师请教。刘竹生发现，小杨列出的有些题目，虽然属于国际前沿技术，但是，很难驾驭，很难在两三年内完成。经过仔细斟酌，最终小杨的研究项目确定为“多星分离分析”。

当时，国际上的通信卫星朝两个相反的方向发展：一是大容量的超大型卫星；二是体积小、重量轻的微小型卫星。对于小型卫星，既可选用小火箭发射，也可采用一箭多星的方式发射，也就是用一枚火箭一次发射多颗卫星，这样既提高了效率，又节约了成本。当时，美国已经实现多星发射，一次能发射多达 12 颗卫星。控制好卫星分离的速度和方向，防止发射后卫星之间发生碰撞，是多星分离技术的难点。这项课题既属于国际前沿技术，在我国又具有很高的实用价值。

刘竹生带的第二位学生叫果琳丽，毕业于北京理工大学。她在学校学习过早已淘汰的苏联 U2 火箭，刘竹生根据自己了解的国际航天新知识，指导她进行运载火箭有关重复使用方面的研究。当时国际上的运载火箭全部都是一次性使用的运载火箭，顾名思义，就是运载火箭使用一次就报废，只有航天飞机属于部分重复使用的运载器。众所周知，一枚运载火箭的成本少则数千万美元，多则上亿美元。在竞争激烈的国际航天发射市场中，运载火箭如果能够重复使用，成本就会大幅度降低。火箭回收技术是可重复使用运载火箭的关键技术，掌握了火箭回收技术，就能在火箭发射完以后，回收再次使用。

在刘竹生的指导下，果琳丽选择“运载火箭的可重复使用技术”项目进行研究，当时在国内关注的人尚属少数。一年多以后，该项技术才开始引起国内同行们的关注，上级领导才开始布置大家进行相关课题的研究。由于小果比别人先走了一步，当国家需要这项技术时，小果才能尽快地提供有价值的研究成果，也有利于她进行更深入的研究，加快我国在这方面的研究进程。

百尺竿头，更进一步。1997 年，刘竹生被推举为博士研究生导师，开始培养更高级别的专业人才。其中，张旭辉从同事变为学生，成为一段师生佳话。

1997 年，张旭辉毕业于哈尔滨工业大学航天学院飞行力学专业，主要研究天体之间的相互作用和轨迹。先是在一院总体部攻读硕士学位，毕业以后，张旭辉主要从事弹道制导设计方面的工作。根据室里的工作安排，张旭辉开始从事长征二号 F 运载火箭轨道的总体设计工作，和刘竹生的联系开始多了起来。

2003 年夏季，刘竹生收到了张旭辉报考门下的意向书。在工作中，张旭辉感到刘总不光技术水平高，特别是其淡泊名利、待人诚恳、做事沉稳等特点，深深地吸引了他。刘竹生带领他们工作的时候总能够举重若轻，很难看到刘总特别着急或者慌张的样子，张旭辉非常敬佩刘竹生。看到小张的研究能力比较强，人也踏实稳重，刘竹生愿意收他这个学生。张旭辉跟刘竹生的关系便从最初工作中的上下级关系，转变成了师生关系。

刘竹生认为，应该发挥小张的专业特长，选择研究课题比较好。小张读硕士研究生时，从事的是“天体之间的相互作用和轨迹”方面的研究，通过综合考虑，继续读博士，可以更深入和具体一些，最后确定研究题目为“火星探测的轨道设计”。火星探测与近地轨道或探月轨道不同，火星距离地球更远，涉及太阳、地球、月亮、火星等星体的影响，另外涉及不同探火模式对轨道设计的影响。这是我国完成探月以后未来将要实现的目标。

张旭辉研究了三种探测火星的方式：大推力变轨方式、小推力连续变轨方

2003年，刘竹生（右）与学生张旭辉（左）在一起

式和借力飞行方式。特别是借力飞行方式，参考了美国的“旅行者一号”探测方式，借助多个星体进行变轨，变轨以后不断探索新的星球。

在课题研究中，遇到困难时，张旭辉就找刘总沟通和探讨。作为载人火箭总设计师，刘竹生负责抓总，涉及很多专业，箭体结构和发动机、控制、遥测系统、火箭的利用系统，还有总体方案的选择、飞行轨迹的优化等。虽然刘竹生是结构出身，但有更多的专业背景，对轨道设计也很了解。刘竹生往往能跳出圈子，用开放的方法解决问题，比如，借鉴结构力学系统的规律和方法，提出建议，使学生在课题研究过程中豁然开朗。还有他习惯用启发式，不直接给出解决方案，而是提供大概的框架和思路，引导学生自己去研究，逐渐展开后续的研究。

刘竹生不断地把他多年积累的经验，在指导学生的过程中传递给他们。

2006年，神舟六号飞船发射成功以后，刘竹生主动辞去载人火箭型号总设计师的职务，但继续担任博士生导师，其中北京航空航天大学毕业的巩萌萌，在刘竹生的指导下从事“闪蒸冷却”课题研究。“闪蒸冷却”就是当热力来袭时，喷上冷却介质，立刻把热量带走，实施冷却的过程。总之体现一个“快”字，一闪而过。还有哈尔滨工业大学制导专业毕业的王建明，在刘竹生的指导下完成了“探月轨道设计”的博士研究课题。

刘竹生先后共带了11名学生，包括硕士研究生、博士研究生和博士后。这些学生都有一个共同的感受——初见导师时，常常很拘谨，在他们的心目中，型号总师技术强、职位高，有些遥不可及，应该会很难相处；但接触以后，便很快消除了陌生感和距离感。他们都感受到导师是一位特别随和的人，坦诚直率，随和亲切。生活中，尊重学生，顾及别人的感受；技术上，一路引领，关键时刻多加指点。有师如此，幸甚至哉！

这11位学生目前大部分都在航天重要岗位挑大梁。看到这些，刘竹生备感欣慰——桃李芬芳，硕果累累，这不是每一位为人师者的最大心愿吗？

3. 当选院士

航天一院，院士辈出。

院士是学术界给予科学家的最高荣誉称号。我国的院士评选工作开始于20世纪50年代，中国科学院从1955年开始评选学部委员（1993年改称“中国科学院院士”）。中国工程院从1994年开始评选中国工程院院士。中国科学院院士和中国工程院院士代表着中国大陆最优秀的科学精英和学术权威群体。

在北京南苑这片热土上工作过的院士绝非一个两个。从最早的老院长钱学森，到“航天四老”任新民、屠守锷、黄纬禄、梁守槃，再到后来的王永志、谢光选、孙家栋……都曾经在航天一院工作过。

院士，不仅仅是对个人成就的认可，从某种程度上来说，也反映了一项事业的发展与否。无论从数量上说，还是从成就上讲，北京南苑真可谓专家聚集，精英荟萃。

由于工作勤勉、成就突出，刘竹生先后获得了不少的奖项——1992年，获“首都劳动奖章”；1992年10月1日，获政府特殊津贴；1993年6月5日，获中国航天工业总公司颁发的“航天奖”；1999年，获“全国五一劳动奖章”……但刘竹生并不把这些荣耀归于自身，他深知，自己仅仅是航天人中的普通一员，自己做的仍很有限。

荣誉加身，刘竹生从不自矜自傲。

面对工作，刘竹生督促自己更加努力。

桃李不言，下自成蹊。虽然刘竹生不宣扬自己的成就，但他在工作中所取得的成就，得到了上上下下的认可，从院长到设计员，大家对刘竹生的赞誉是普遍的——发射神舟一号至六号飞船的载人运载火箭总设计师，是我国载人运载技术的主要研制者之一；长期从事液体战略导弹和运载火箭的研制工作，在液体战略导弹地下井热发射技术、运载火箭捆绑分离技术、运载火箭整流罩分离技术及载人运载火箭设计、试验、发射技术等领域取得显著成绩。他的任职和获奖情况，熟悉他的人都知道——先后

刘竹生荣获国防科学技术奖一等奖

刘竹生荣获“全国五一劳动奖章”

刘竹生荣获杰出科技成就集体奖

担任长征二号 E 首枚火箭副总设计师、长征二号 F 载人运载火箭副总设计师和总设计师，获得国家科技进步奖特等奖 1 项、国家科技进步奖一等奖 1 项、国防科学技术奖 1 项、国家科技进步奖二等奖 1 项。

刘竹生的成就，同样得到了院士评委们的认可。2009 年，刘竹生以突出的成绩，成功地通过了院士评选。有数据表明，在刘竹生的组织领导下，载人运载火箭突破了 100 多项技术攻关和工艺攻关，10 项关键技术达到国际先进水平，55 项新技术为国内运载火箭首次采用，顺利完成方案、初样和试样等阶段的研制工作和两次载人航天发射任务，实现了我国载人航天工程“三步走”的第一步战略目标，标志着我国在发展载人航天技术方面取得了具有里程碑意义的重大胜利。不仅如此，大家也看到，在担任火箭技术顾问期间，刘竹生不仅为载人火箭二期工程的研制献计献策，而且还担任舱外航天服专家组组长，为舱外航天服的技术把关，发挥了重要的作用。

千淘万漉虽辛苦，吹尽狂沙始到金。

几十年的奋斗、几十年的艰辛，刘竹生获得了“院士”的殊荣，这是国家和单位对他多年工作和成绩的认可。

在一院众多的院士之中，刘竹生认为，自己只是普通的一个。在一院众多的技术人员中，刘竹生认为，自己并不是最突出、最优秀的。航天事业，一直是数以万计的人在辛劳地付出，火箭研制，更是一个团队、一个群体的集体智慧结晶。

从最普通的设计人员到一线工人，从质量管理人员到工艺技术人员，从物资工作人员到后勤保障人员，正是这方方面面的合力，铸就了火箭的成功与辉煌。每次获得荣誉的时候，刘竹生常常想到这些平凡的人们。多少人，在航天一院的大院里，工作了一辈子，付出了一辈子！和自己一样，“航天”“火箭”这些词汇，已经融入到他们的生命里，渗透到他们的灵魂深处，成为他们生命

2010年1月25日，刘竹生（右一）在院士专家迎新春茶话会上

的一部分。

刘竹生清楚地记得，总体设计部的灯光，常常夜半还在亮着；总装车间的工人师傅们，经常三班倒，常常忙碌到深夜十二点，甚至几天几夜不眠不休；负责现行技术文件出图的档案工作者，每个假日都会坚守在自己平凡的岗位上……这些最普通的人，虽然默默无名，但都是同一战壕中值得尊敬的同事，都是航天系统的无名功臣，都是火箭事业的幕后英雄。

而新一代年轻的航天人，刘竹生认为，他们是最具活力的群体——思路广泛，反应敏捷，视野开阔。他们的工作方式和当年自己的那个时代，俨然两回事，高科技含量越来越多。看着他们驾轻就熟地运用电子技术、数字技术、声光电技术从事研究设计，刘竹生感到老怀大慰。同时他也看到，这新一代航天人，对事业赤诚，丝毫不亚于自己这一代。

几十年的工作经历，刘竹生认为，航天一院流传下来的不仅是事业的成就、工作方式的成熟，还有宝贵的精神与文化。而后者，是值得后人大力传扬与资鉴的。他看到，经过几年的熏陶之后，年轻的航天员工一般都能很快地融入这种文化氛围之中，渐渐承袭了这种文韵并发扬光大。攻克技术难关时的勇毅、技术创新时的果敢、困难面前的冷静克制，尽管也有不够成熟的地方，但刘竹生看到，航天一院60年凝聚成的航天文化，在他们身上得到了深刻的体现。刘竹生相信，这些年轻的航天人，一定能够托起航天事业明天的朝阳！

刘竹生

刘竹生院士传记

Academician Liu Zhusheng's Biography

第十三章

多彩生活

科学和艺术是不分家的，很多科学家也是艺术家。艺术开阔了科学家的思维空间，也促进了科学技术的快速进步。

——刘竹生

1. 娶妻当贤

琴瑟在御，莫不静好。执子之手，与子偕老。

在刘竹生的生活中，最得意的事情之一，就是娶到了一位贤惠的妻子。

初次见面时，刘竹生便对王丽珍产生了好感，她明亮的双眸和纯真的笑容，让年轻的刘竹生心里熠熠生辉。在随后的接触中，刘竹生并不擅长甜言蜜语，但善于绘画的他，拿起画笔，用细腻而生动的笔触，描摹出一位青春少女。画面中，少女明眉皓齿，笑意盈盈，一派纯真爽朗。

在王丽珍看来，这个高个子青年虽然比自己小两岁，但成熟稳重，还知道孝顺老人。她发现，每个月，刘竹生都会给东北老家寄去自己一半的工资，大约三十元，月月如此，从不间断。王丽珍理解，作为长子，刘竹生的心里挂念老父亲和弟弟妹妹们。这种孝顺与厚道，让王丽珍安心。

尽管两情相悦，但两人的婚姻之路实在是曲折。在组织上批准两人结婚申请的当天，刘竹生拉着王丽珍的手，向婚姻登记部门奔去。尽管比计划中的结婚时间有所提前，但王丽珍和刘竹生是一样的心情。手捧着绯红的结婚证书，两人都感受到一种难言的幸福与甜蜜。尽管两人所有的家当加在一起只有简单

刘竹生为妻子画的素描

的两床被子，但两人的心里依然是甜丝丝的……

正因为得之不易，刘竹生格外珍惜自己的家庭，对妻子关爱有加。结婚之初，王丽珍一直在天津工作。当两人有了孩子的时候，也都是妻子一个人独自照料，只有周末才能团聚。在两地分居的日子里，刘竹生对妻子的爱中，增加了一份愧疚。

在生活中，王丽珍增加了对刘竹生的了解。这个大个子还真是心胸比较宽广，做的饭菜，不管好坏，都不挑剔——能吃就行！买的衣服，不管是否大一点、小一点，都没意见——能穿就行！吃穿住行这点事，根本不操心、不关注，全部的心思都在工作上。有时候，看着丈夫在翻阅杂志，但半天没翻动一页纸，王丽珍就知道，这家伙，又在想着工作那些事情了。

第一个孩子出生之后，刘竹生对这个小小的女婴视若珍宝，取名莞尔。几年之后，第二个女儿诞生，名字也是刘竹生取的——蕞尔。查了查字典，王丽珍知道，蕞是小的意思。仔细斟酌了一下，她觉得，这两个名字取的真不俗，真别致！

年幼的孩子一般跟在王丽珍身边的时候比较多。她不仅要备课、授课，同时还要照顾两个宝贝女儿，但好在她是一个坚强而独立的女子，尽管家庭的重担在肩，但她依然能工作、生活两不误。

1976 年仲夏的一个夜晚，王丽珍半夜醒来，发现大地在颤抖——地震了！她拉着两个从睡梦中惊醒的孩子，娘仨奔向学校的大操场，和其他教师和家属一起，在那里栖息过夜。冰冷的雨，无情地打在脸上、身上，望着周围坍塌的房屋和废弃的建筑物，搂着两个瑟瑟发抖的孩子，王丽珍对丈夫的思念油然而生！地震几天过后，王丽珍便领着两个孩子，乘坐火车，直奔北京！

北京丰台万源路，简陋的地震棚内，刘竹生一家四口紧紧地拥抱在一起。经历了这件巨大的事情后，王丽珍感觉到，此时此刻，和家人的团聚是最重要的。而刘竹生认为，在那一刻，家人的平安才是头等大事！

一边尽力抚慰妻子，一边尽心照顾两个年幼的孩子，刘竹生很是耐心和体贴。八岁的小莞懂事地领着四岁的小蕞，帮着大人干一些力所能及的家务。

在北京住了一个月之后，转眼便到了开学的时间。刘竹生带着妻子、孩子返回了天津。这时，学校已经盖起了一排砖瓦的平房，分给了王丽珍一间。

在这间大约十多平方米的小屋子旁边，刘竹生动手盖起了一间小厨房，之后才返回北京。邻居看了，忍不住地夸奖：“小王，你家的厨房盖得真不错，有模有样。”

虽然有了栖身之所，但这种房子一无地基，二无窗户，地面潮湿，透气不好，八岁的莞尔生病了。一天深夜，小莞尔高烧不止，吓坏了王丽珍。摸摸病中的大女儿，看看熟睡的小女儿，慌乱之间，她有点不知道该怎么办才好。但孩子的病情显然不能耽搁，于是，她咬了咬牙，叫醒小女儿，让她搂着自己的脖子，又背起莞尔，赶往医院。

漆黑的夜晚，一位年轻的母亲在慌乱地行走，胸前吊着一个四岁女孩，背后背着一个生病的八岁女孩，步履艰难，心情焦急。即便身体疲惫已极，也只能稍作停息，坚持一步一步地往医院挪动……

经检查，莞尔患的是肾病，所幸的是救治及时，身体恢复得比较彻底。在女儿住院的日子里，刘竹生从北京匆忙赶来，替换下日夜看护女儿的妻子，让这位已经非常憔悴的年轻母亲好好地休息……

异地同心，刘竹生相信他和妻子两人能做到；两个相爱的人能够此情不渝、彼此忠贞。但是，在病痛来临之际，生活的担子骤然沉重，又怎能要求妻子独立面对呢？妻子的艰难，刘竹生看在眼里，痛在心底！

经过努力，1979 年，妻子终于调到北京工作，一家人终于能在一起了。但是，刘竹生还是愧疚不已——自己的工作如此忙碌，不仅每天要起早贪黑，而且时常需要赶赴发射场，有时候一去就是小半年。家里，还是由妻子一个人在操持……

但善良的王丽珍并没有太多的怨言，她知道，自己的丈夫有情有义，只是不爱表达。而对于丈夫倾心工作的劲头儿，王丽珍格外支持。她发现，丈夫有一种乐在其中、不畏艰难的劲头儿。在他的眼里，似乎工作是一种乐趣，恨不得天天去上班；似乎没有完不成的任务，没有攻不克的难关。什么工作，到了丈夫手里，就会被他细细思考，认真琢磨，而后开始动手实践。

虽然不从事火箭研究工作，但王丽珍作为航天家属，深知型号研制的艰难，可丈夫为什么觉得工作上没有难关呢？经过仔细观察，她发现，刘竹生看问题总是多看一步，看到下一步的发展趋势与目标，看得稍远一些，那么，站在稍远的角度回头看眼前的难关，自然是囊中之物。

立意高远，深思熟虑，自然心里有底，脚下有路。

在刘竹生看来，妻子是一个独立性极强的女子。家里的事情，他完全可以不操心、不过问，工作起来毫无后顾之忧。但他也发现，妻子的主意很大，有时候决定了的事情很难改变。比如莞尔的求学之路，都是妻子决定的。该在本区上学，还是跨区转学，在这件事情上，刘竹生提出了反对意见，他认为孩子上学不用跑那么远的北京城区，在丰台上就行。爽直的王丽珍理直气壮地给予驳回——反对无效！城区教育资源好，为什么不去！于是，果断地给孩子转学。

这种分歧当然是家庭生活中的极少数，也不影响两人的夫妻感情。大部分时间，孩子们都是在王丽珍一人的管理之下渐渐长大成人，小莞和小蕞都长成了秀气的大姑娘，直到有一天，羞涩的莞尔带回来一个稳重朴实的小伙子……

在王丽珍眼里，刘竹生最大的缺点就是太爱抽烟。刘竹生自称是三天两包烟，王丽珍听了却撇了撇嘴——这数字不对，两天三包烟还差不多。她曾经多次规劝刘竹生戒烟，但刘竹生坚持认为，这是自己放松的一种方式，每次抽完烟，都感到思路清晰，头脑清楚。争了半天，王丽珍只好叹口气、摇摇头，随他去了……

对于支持自己、包容自己的妻子，刘竹生有一种发自内心的尊重。在王丽珍55岁的时候，她提出要按时退休，刘竹生皱了皱眉头："这么早，多干两年呗！"当时妻子并没有言语，但几年之后，刘竹生才发现，妻子以实际行动否定了自己的建议——大大方方地退休了，而且还不告诉自己，一瞒就是好几年！

知道真相后，刘竹生竟然气乐了，这种孩子似的小心思、小动作，也只有这位内心纯真的爱妻能做的出来。既然想早点退休，那就顺其自然吧，毕竟，这一辈子，自己亏欠她的太多、太多……

尽管在一些事情上有自己的想法，但总体而言，王丽珍对自己的丈夫是敬重有加。她永远也无法忘记，当年面对重重阻力时，丈夫宁可换岗位也不换女友的坚贞，每次想起，一种甜蜜与感慨悄然涌上心头。

2. 家有双姝

1968年11月，刘竹生的大女儿呱呱坠地。抱着这个襁褓中漂亮的婴孩，刘竹生心花怒放，煞费苦心地思考良久，他为女儿取名：莞尔。莞尔一笑，笑语嫣然。美好的词汇，美好的意境。刘竹生并不希望自己的孩子大富大贵或者功成名就，但是，他切切实实地希望自己的孩子快乐，平安。

四年之后，又一位千金诞生。刘竹生欣喜无限。看着这个小丫头小小的身

王丽珍和大女儿莞尔

体，一股怜惜之情油然而生，于是取名蕞（音“最”）尔。“蕞”是形容小的样子。一大一小两朵花，都成为刘竹生心头的最爱。但是，对于这两个宝贝女儿，他一直心存愧疚——一直以来，他认为，从小到大，自己亏欠孩子的太多了。

还是在大女儿刚刚五个月的时候，刘竹生就被派往黑龙江参加军垦，随后的三年里，虽音讯未断，但孩子只能由妻子一人照顾。无论吃喝拉撒睡，还是柴米油盐酱醋茶，都是妻子一个人在承担。而在莞尔小小的世界里，不停忙碌的妈妈是绝对的主导，根本不知道还有爸爸这个角色。

1972 年，一个春天的早晨，小小的莞尔被妈妈抱着来到一个陌生人面前，她听见妈妈说：“乖，这是你爸爸，叫爸爸。”莞尔的心里有些紧张，有些抵触，她瞪着一双大眼睛，默不作声。而面前的这位高个子男人并没有难为她，只是轻轻地摸了摸她的短发，眼睛里有一种看不懂的深沉。

此后，莞尔的生命中，爸爸的角色越来越清晰，越来越深刻。

当时的莞尔，跟着妈妈在天津东方红中学居住。教授物理课程的妈妈整天忙碌，在娘俩小小的住所里，莞尔自己独自待着的时间不算少。她们的住所，并不是一间正式的住房，而是在二、三层楼之间的过道处搭建的一个五六平方米的小房间。放了一张双人床后，房间就只够放一张小桌子了。简陋的住所，狭窄的空间，但小莞尔不以为苦，经常自己一人待在家里，摆弄几个简单的玩具，沉浸在自己的世界里。

在莞尔看来，自己的家不大，但干净整洁，还有点艺术气息——她发现，高个子爸爸真是手巧，会画画，会剪纸。墙上原本光秃秃的一溜木板挂在那里，放些书报杂志等，但是爸爸用绿色的纸剪出了巴掌大小的一堆小动物，粘在墙上，立刻增加了不少艺术感。此后，一个人的时候，小莞尔便站立在床上，细细观看那一个个栩栩如生的小动物：小牛，小猪，小狐狸……

时常，莞尔发现，高个子爸爸背着一筐蔬菜和水果走进屋里，使这个原本狭小的空间显得更加局促。每次，爸爸都会待上三两天，而后便消失不见了，过一段时间，又会出现在自己面前。后来，有了妹妹，爸爸回来得更频繁了。

一次，午睡醒来，莞尔拿起一块小手绢，开始擦自己家的门——在幼儿园里，动手打扫门窗是常有的事情，小莞尔已习以为常。擦完家门，她发现，抱着妹妹的高个子爸爸的脸上露出喜悦的表情，还伸手递过来一个硕大的苹果。黄澄澄的大苹果，莞尔从来没有见过这么大的苹果，吃在嘴里，甜在心里。

一天，幼儿园的老师问莞尔："你爸爸是干什么的？"莞尔转了转眼珠，用稚嫩的童音响亮地回答："我爸爸是造照相机的。"出于保密原因，刘竹生在家从来不和家人谈工作上的事，小莞尔自然无从知晓。但莞尔知道，爸爸会造照相

刘竹生制作的照相机

机——高个子爸爸自己动手制作了一台照相机，常常把莞尔当作主要的拍摄对象，不同的场景，不同的姿势，不同的神态，莞尔成为爸爸摄影爱好的小小模特。即使多年以后，在熟知了爸爸的工作内容后，莞尔仍然忍不住对爸爸的钦佩：真有水平，简直就是个艺术家！

1976 年的夏天，八岁的莞尔对“地震”这个词有了深刻的认识。那是在一个漆黑的深夜里，莞尔被一阵剧烈的震动弄醒了，恍惚中她听到妈妈在喊：“小莞，快起来，地震了！”她们起身往外奔跑时，却发现家里的木门已经变形无法打开。而此时，小小的住处里，一处墙角已经塌陷，深蓝的夜空举头可见。危急中，楼上的一位大哥哥赶过来帮忙把门踹开……学校的操场上，莞尔和妈妈、妹妹，还有很多人挤在一起。不远处就是坍塌的房屋和破损的建筑，几天时间里，大家只能在露天的操场上停留，尽管风雨会来光顾。这几天时间，莞尔小小的心灵里充满了恐惧。饥饿、寒冷在此时并不是最可怕的，过于惨烈的现实如此触目惊心，莞尔只想紧紧拉住妈妈的手，只想紧紧抱住妹妹，再不撒开……

几天后，莞尔和妈妈、妹妹一起，挤上了开往北京的火车。此时的北京，遍地都是地震棚。平日居住的楼房已经不允许任何人进出。在空地上，人们搭建了许多棚子，里面一个帐篷挨着一个帐篷，而一个帐篷则代表一个家庭。

1976 年夏天，北京丰台万源路的地震棚里，小莞尔度过了一个难忘的暑假。虽然地震棚四面透风，虽然吃住都不方便，但是对于莞尔来说，这里有妈妈和妹妹，有高个子爸爸，这是她最亲最爱的一家人……

三年后，在小学四年级的时候，莞尔随妈妈来到了北京，开始在这里读书。1979 年，王丽珍调到北京工作。从此，一家四口终于摆脱了长期分居的日子，团聚在一起。莞尔的心里美滋滋的。

莞尔记得，虽说一家人住在一起，可父亲还是时常出差。父亲在家时，总会主动地给大家做美食。刘竹生做出的菜不仅好吃，而且好看。比如说，一道普通的黄瓜炒鸡蛋，他首先会在选材上下功夫，在市场上挑选出笔直的黄瓜买回家，接着是刀工，他切的每一片黄瓜厚度都有标准，最后炒出的菜很漂亮，既饱口福，又饱眼福。刘竹生的另一道拿手好菜是做清蒸鱼。他把鱼收拾好以后，将葱姜蒜等调料切好放到鱼肚子里，将鱼放到锅里，再放上调料，在火上蒸一会儿，当香喷喷的鱼上桌时，全家人赞不绝口。与父亲的清蒸鱼相对应的是母亲做的红烧肉。每到节假日，如果没有这两道菜，似乎就缺点什么似的。

在莞尔眼中，爸爸是一个坚毅的称谓，自己的爸爸几乎是无所不能，无论是水龙头坏了，还是下水道堵了，抑或是墙体破了，甭担心，老爸一个人全能搞定！而且，干起来又快又好，丝毫不亚于专业人员。

不仅如此，莞尔和蕞尔的玩具很少从商店买，多数是由高个子爸爸亲手制

刘竹生为女儿制作的织布机

作。看到同事家里的一台织布机，刘竹生就借过来，自己动手比照着制作了一台，不仅样式相差无几，甚至功能也不逊色，可以用它织出布来。看到别人的小提琴，刘竹生自己动手，下了一番功夫，亲手制作出一把迷你版的小提琴，做工精致，音色优美，让两个女儿爱不释手。小女儿蕞尔记得，小时候父亲曾经用纸壳给她制作过一块手表，表上的刻度是父亲用彩色铅笔画上的，表上时针、分针和秒针全都有，做工十分精细，她别提有多喜欢了。

一天清晨，刘竹生陪莞尔一起跑步。莞尔在前边奔跑，刘竹生紧随其后。跑了一半路程时，没想到横跨在两棵树之间的一根铁丝卡在了刘竹生的脸上，莞尔个子矮没有被卡上。刘竹生一声不吭，继续向前跑，等跑完全程时，莞尔才看到父亲脸上的伤痕。莞尔心疼地对父亲说：“你怎么不早跟我说呢，疼不疼，赶紧回去处理一下吧！”刘竹生一笑了之：

刘竹生和两个女儿

“没事，没事。”没有丰富的语言展示内心深厚的父爱，刘竹生用自己独有的方式诠释着对孩子们的深情厚谊。

刘竹生还经常带两个女儿去书店买小人书，《孙悟空三打白骨精》《哪吒闹海》《枪挑小梁王》《华佗的故事》……一本本精美的小人书，一个个生动有趣的故事。从这些书中，莞尔和蕞尔打开了古典文学的大门，窥视到了里面的精彩风景。

受父亲的熏陶，小莞尔喜欢绘画和书法。上初二时，在爸爸的指导下，莞尔制作了一个小天平，在丰台区的比赛中获得了第二名。天平的两端放了两个塑料碗，天平刻度清晰可见，制作得很标准。

莞尔知道，爸爸永远是忙碌的。家里的活儿全都由妈妈一个人干，而爸爸一心扑在工作上，根本没有精力顾及其他。但莞尔理解爸爸，勤勉专注是爸爸的特点。而刘竹生知道，“父亲”这个词，意味着责任与担当。做好父亲这项工作，需要以身作则和陪伴照顾两个方面。在父母的耳濡目染下，孩子们学会了为人处世之道；在父母的陪伴下，孩子们才能以最健全的人格顺利成长。父亲的陪伴是金钱所无法替代的。亲密而温馨的亲子关系，恰恰会在陪伴孩子的时候建立起来。对于以身作则这一点，刘竹生自感坦荡从容，但是在陪伴孩子这方面，

1978年，刘竹生全家福

却是大大的“不及格”。

在孩子生病难受时，爸爸往往远在基地；在孩子学习成绩下降需要家长辅助时，她们常常看不到爸爸的身影。多少次，她们看到，只有妈妈一个人在忙碌着家里家外。柴米油盐，吃喝拉撒，全都是妈妈……但她们也看到，一旦父亲回家，便会自觉地干家务，态度积极，对妈妈也是体贴关怀，而且两人的感情一直很好，相互尊重，相亲相爱。这种相处的模式，也真独到！

时光如水，岁月流逝。

作为父亲，刘竹生欣慰地看到，昔日的小莞尔、小慕尔渐渐成长，成为美丽文静的大姑娘，知书达理，和气温柔。而随着年龄的增长，莞尔越来越了解爸爸，了解他的工作与成就，了解他的朴实与善良。

面对别人对爸爸的赞誉，莞尔自豪地一笑，我的爸爸，就是能干！但在她眼里，这位院士父亲是

刘竹生夫妇与两个女儿

多面的、生动的。莞尔看到，在力所能及的时候，爸爸总是为家人，为亲人们努力付出。为爷爷买来质量好的烟叶，莞尔知道，这是爸爸的孝心，他希望爷爷能尝到好一点的烟。给远在老家的亲戚寄去金钱给予资助，莞尔知道，这是爸爸的善心，他希望尽力帮助自己的亲人。一直不在意吃穿住行，一直没有几件像样的衣服，一直不在背后说人长短，莞尔知道，这是爸爸的一颗素心，他一直秉持着最朴实的待人之道。

对于这些，莞尔看在眼里，记在心上。

1992年，在一个秋高气爽的日子里，莞尔把一位小伙子领进了家门。暗自观察良久，刘竹生点了点头：这小伙子，稳重厚道，待人诚恳，行！

一年以后，莞尔与男友步入了婚姻的殿堂。像全天下所有的父亲一样，在女儿出嫁的时候，刘竹生欣慰在心、伤感在怀——昔日的那个小丫头，那个主动拿起抹布擦拭家门的乖孩子，今天要嫁为人妻了。他笑着看着这两个幸福的年轻人，眼睛里，含着依稀的泪滴……

不久之后，外孙的诞生让刘竹生兴高采烈。每次出门前，哪怕有一两分钟的时间，他都要来到外孙的床前，将他搂起来亲手抱抱，一遍遍摩挲着外孙的小脸，看个没够……

全家人野炊

而今，刘竹生和妻子已过古稀之年，莞尔、蕙尔各自独立，就连昔日襁褓中的小外孙也成为了一个帅气阳光的小伙子。虽然不在一起居住，但莞尔和孩子经常回家看望父母。原先的四口之家，而今已经成为一个大家庭。跟孩子们在一起，刘竹生夫妇享受着天伦之乐，一家人其乐融融。

不独自己，刘竹生更希望，辛劳的航天人，无私肯干的航天人，都能有一个幸福的家庭，都能有稳固的后方，都能和和美美地生活，这样才能安心工作。正如那首歌中唱到的：

愿你心大志大，家大业大，

……

愿你心中常驻芳华

……

3. 艺不压身

不画火箭，便画人生。

在刘竹生的愿望中，成为一名与画有缘的艺术家是最初的想法。独到的眼光和敏锐的观察力，使刘竹生对绘画产生了浓厚的兴趣。曾经，他徘徊在哈尔滨市区的著名雕像前流连忘返，来自异域的艺术的魅力，深深地吸引了他。虽然命运的安排让这个梦想雕琢艺术的孩子，成了雕琢火箭的航天人，但对于绘画的爱好一直保留终身。

提起笔，细细描摹，慢慢修缮。在静静的勾画之中，一幅素描很快便能呈现在大家面前。画荷花，画火箭，画人物；在黑板报上，在幻灯片上，在技术报告里，刘竹生信手拈来，图画生动形象，神形兼备。

对于绘画的喜爱，使得刘竹生增强了对三维结构立体图形的感悟能力。设计火箭时，刘竹生经常在脑海中先勾画出它的三维结构，而后用笔一一展示出来：正视图，侧视图，俯视图……众所周知，在机械设计中，三维结构概念非常重要。而运载火箭结构复杂，空间想象力就更加重要。刘竹生认为，自己之所以在火箭研制中能有所成绩，除了灵活运用知识、基础牢固以外，绘画是不能忽视的重要因素。

记得在长征二号捆绑运载火箭诞生前后，围绕着当时的新鲜事物，刘竹生没少动脑筋，没少在脑子里勾画火箭的立体图样，也没少画草图、整体图、局部图、放大图……绘画的缜密与想象力的丰富，对刘竹生从事航天技术研究起到了积极的促进作用。

除了绘画，刘竹生还喜欢捡石头，在家里，摆放着很多大大小小、千奇百怪的大漠石。从一块块看似普通的石头上，刘竹生能看出别样的风景。而他捡石头这一特殊爱好，在试验队里人人皆知。

一次，发射之余，刘竹生和同事驱车来到酒泉卫星发射中心附近的一个名叫白玉山的地方。在一片荒野中，坐落着由石块堆积的两座山，一座山以白色石头为主，另一座山以青色石头为主。

来到这两座山上，大家四散出击，在乱石堆中挑选着自己喜欢的石头。不一会儿，每个人都拿着自己的“战利品”回到车上，开始了比较和观摩。

看了一圈儿别人拣到的石头，刘竹生乐了。他指着一个年轻人手里捧着的一块大石头，笑着对他说：“你看，这块石头一定是不久前刚从山上崩下来的，见棱见角的。这种石头叫生石头，容易划破手，看上去也不美观，拿回家腌酸菜时应该可以用得上，或者作为建筑材料也行，但观赏价值不大。而经过风化的石头会比较圆润，棱角不那么分明，更受赏石者的青睐。”

嗬！行家啊！大家都围拢了上来。有人赶紧问道：“老刘，你拣的石头呢？拿来给大伙儿看看行不行？这内行拣的石头跟我们拣的有什么区别？顺便您再给我们扫扫盲。”

刘竹生毫不犹豫地伸出大手，把自己捡回来的石头在大家伙儿面前一亮，有些同事情不自禁地赞叹道：“真棒！”

指着这块造型独特的石头，刘竹生煞有介事地对大家说：“这个赏石嘛，里面有很多讲究，捡出的石头要么外观造型好，要么奇特，一般应该符合下面五条标准：瘦、透、漏、皱、丑。”

“瘦、透、漏、皱、丑？”一位同事高声地说：“老刘，你给我们具体讲讲呗。”

“好吧！”刘竹生大大方方地讲解道：“瘦呢，就是身材好，要有形，而且形状上要有起伏，像少女一样婀娜多姿。透就是透亮，从石头的一面能够隐约地看到另一面。漏嘛，跟透有些相似，从外边能够看到石头里边的斑点和风景。所谓皱呢，指的是石头的纹理，纹理要有特点，不能杂乱无章。丑，就是个性突出，特点分明，现在的明星不是有丑星吗？石头也一样，一个充满特色的丑石，是不是比一个看似挺美但没有任何特点的石头更加耐人寻味呢？”

停顿了片刻，刘竹生接着说：“捡石头呢，对石质也有要求，颜色要纯，不能杂乱无章，白就纯白，如果中间掺杂其他颜色的话，图案一定要有特点，最好能构成一幅画，或者像一样东西。”

听了刘竹生这番言语，众人恍然大悟。还有不少人扔下手里的石头，再次奔着大山跑去……而这捡石头的一来二去，让刘竹生心情愉悦，不知不觉中，肩上的压力似乎已经不那么沉重了……

刘竹生捡拾和收藏的石头

刘竹生加工根雕

根雕也是刘竹生喜欢的玩物。在他看来，根雕也是一门艺术，也很有讲究，那就是珍、奇、古、妙。以少为珍，以特为奇，以老为古，以韵为妙。从沙漠中，他拾回各种各样富有沧桑感的树根，放在家里，静静观赏。

刘竹生经常前往的酒泉卫星发射中心地处沙漠戈壁，风卷狂沙，晨冷午热，变幻无常。能在那里生长的植物真可谓顽强坚韧。而在这荒寂的土地上，只有遍野的胡杨林昂然挺拔。刘竹生知道，它是一种非同寻常的植物：生，千年不死；死，千年不倒；倒，千年不腐。如此神奇的大自然，如此令人震撼的生命的力量！

万物皆有灵性，这些貌似沉寂的东西，无论是石头还是树根，虽然寂静无语，但只要用心观赏，便会看到大自然的神奇与魅力。寂静中，仿佛一块块石头在悄悄述说，述说着无尽岁月里的沧桑故事。无言中，似乎一个个根雕都在展示，展示悠然时光中的岁月沉浮……

静中悟动，无中看有，感悟自然，神思无限。

常常，沉浸在石头和根雕的观赏之中，刘竹生忘却了时间……

刘竹生

刘竹生院士传记

Academician Liu Zhusheng's Biography

第十四章 耕耘不辍

在从发动机点火至将有效载荷成功送入预定轨道的飞行过程中，每个动作都是一个里程碑，决定着发射任务的成败。

——刘竹生

1. 救“火”队员

2005年10月12日，神舟六号载人飞船发射成功。为了让年轻干部尽快上阵，尽早得到锻炼，刘竹生向上级领导强烈要求从载人火箭总设计师的位置上退下来，并表示，退居二线以后，如果工作需要，自己随时愿意出力，协助做好工作。这时候，他已近古稀之年。

发射神舟六号飞船时，火箭纵向耦合振动（POGO振动）现象，不像发射神舟五号飞船时那么强烈，但问题仍然存在，并未得到彻底解决。研制第七枚长征二号F运载火箭期间，提高火箭的安全性和研制航天员出舱用的舱外航天服等任务十分艰巨。

面对如此棘手的难题，院领导焦急万分。每一枚载人火箭都要求在性能上比前一枚有所改进，要达到百分之百的成功，必须把工作做得极端细致，又不能拖延工期。经慎重考虑，院领导决定仍然由刘竹生负责解决火箭上出现的纵向耦合振动难题。对此刘竹生二话没说，痛快地接下了任务。两年多来，刘竹生一直负责解决纵向耦合振动问题，并取得很大进展。神舟六号飞船飞行至120秒助推器分离时，航天员聂海胜在太空舱内用手摆出一个V型，以示自己没有什么不舒服的感觉。

两名航天员乘神舟六号飞船凯旋，和“两总”系统进行交流，都说飞行 120 秒左右时没有任何不适的感觉。刘竹生在感到欣慰的同时，又仔细察看了飞行记录，发现火箭飞行至 120 秒时，还有纵向耦合振动现象出现，但和前一次不一样的是，很快就过去了，并没有持续 20 秒之久，只有一两秒就过去了。从这一点上看，说明纵向耦合振动现象没有彻底解决，没有得到完全控制，还是个不确定因素。

POGO 本意是弹簧单高跷的一种游戏工具，借到火箭上用来比喻纵向耦合振动现象，形象而直观。纵向耦合振动现象表现为：随着飞行时间的变化，推进剂不断消耗，结构纵向振动和压力脉动都逐渐以相同的频率振动，幅值逐渐增大，然后，又逐渐变小的过程。纵向耦合振动发生时，可能产生较大量级的振动，还可能对航天器或有效载荷的结构以及航天员产生严重影响。

虽然刘竹生已经不当总师了，但本着对工作负责，对航天员安全负责的态度，他暗下决心，在神舟七号飞船上天之前，一定要彻底啃下这块硬骨头。

刘竹生组织型号队伍开展深入的研究工作，集思广益，一方面开展广泛的试验，另一方面不断修正稳定性分析模型。

课题进展得并不顺利，刘竹生尝试了一个又一个方案，试验结果总有缺陷。刘竹生又一次陷入困境，犹如走在一个迷宫里找不到出口一样着急。

刘竹生独自坐在办公桌旁边，思考着一切与共振有关的事件，以便开拓一下思路。刘竹生想到，如果一列士兵在桥上行走，步调一致，整齐划一，就有可能与大桥本身频率一致而产生共振，将坚固的大桥振塌。士兵行进时如果把他们的步伐打乱，就不可能与大桥之间产生共振。而纵向耦合振动是助推器推进剂输送管路内液体振动频率，与火箭纵向一阶振动频率的变化趋势相近造成的。若在飞行初期将两个频率分开，则在助推器工作接近尾声时，两个频率会相交。

同样在助推器燃烧末秒时将两个频率分开，飞行初期便会相交。刘竹生想，难道两个频率在助推器发动机燃烧过程中一定会相交吗？就像士兵过桥一样，大桥固有频率不能改变，只有改变士兵步行的振动频率，才能避免共振。那么火箭也一样，火箭结构的固有频率不能改变，那么我们就想办法改变管路液体的振动频率。

根据长征二号 F 火箭的结构特点，刘竹生提出了一个办法——用变能蓄压器改变管路液体的振动频率，用两个膜盒式蓄压器，在飞行中改变管路液体的振动频率，使它能够始终与箭体的振动频率不一致。将一个蓄压器的两个膜盒一个充高压，一个充低压，在飞行初期，低压膜盒被压住不工作，管路液体频率会高于箭体一阶频率。然后，在飞行的某个时间再将两个膜盒联通，则管路液体频率又下降到箭体纵向一阶频率之下。这样，就可达到将频率错开的目的，就不会因为两个频率相近而产生共振了。在火箭飞行过程中，变能蓄压器就会魔术般地让两个物体的频率怎么也碰不上。

有了这个神奇的蓄压器，有它在场值班，就可以控制液体输送管路内液体和箭体的纵向振动频率，这就是刘竹生提出的变能蓄压器抑制 POGO 的原理。刘竹生协助设计队伍通过电爆阀门控制蓄压器的能量值，合理、有效地解决了长征二号 F 载人火箭的

“8Hz” POGO 振动问题。改善了火箭的力学环境，从总体上提高了火箭的安全性和航天员的舒适度。长征二号 F 火箭发射神舟七号飞船以后，刘竹生通过对遥测数据分析，纵向耦合振动完全被抑制住了，现象没有了，验证了“变能蓄压器”方案的正确性。

刘竹生攻克了一个堡垒，紧接着又一个堡垒等待着他去攻克。刘竹生受聘担任神舟七号飞船舱外航天服研制专家顾问组组长，带领专家组对舱外航天服的技术方案及指标、试验项目及结果进行跟踪审查、把关，解决技术难题，审定舱外航天服的最终状态，为确保中国航天员首次出舱提供技术支撑。

长征二号 F 遥七火箭发射之前，中国从俄罗斯引进了两套舱外航天服。起初，计划神舟七号飞船发射时，航天员穿着俄罗斯航天服出舱活动。但这个方案很快遭到不少专家和领导的反对，他们认为，我国航天员第一次出舱应该穿我们自己的航天服。最后上级决定，神舟七号航天员出舱时穿着我国自行研制的航天服。

舱外航天服区别于舱内航天服，更区别于普通服装，其结构极其复杂。为了适应十分恶劣的太空环境，对舱外航天服的要求十分苛刻，要求能抵抗低压或真空，缺氧或无氧，高、低温，还要防太阳辐射等，而舱内航天服结构则相对简单。

我国没有研制和生产舱外航天服的经验，制造舱外航天服并非服装设计师所能独立完成的项目，需要与科技人员共同合作完成。

航天科研项目不是服装设计师们的专长，他们也不熟悉航天工程研制，搞不清楚航天科研应该分几步走，应达到哪些标准。总之，“裁缝”们看着材料和布料，不知道如何入手。

与其说刘竹生等专家在缝制航天服的过程中担当顾问的角色，不如说就是工作组成员。刘竹生是顾问组组长，带领顾问组成员，不仅把科研管理的方法教给裁缝，还把质量控制管理方法也教给他们，甚至将航天领域实施的“双归零”质量管理措施也用于研制航天服的管理。

航天服由头盔、服装、手套和靴子组成，关乎航天员的生命安全。在太空环境里，人体血液中的氧会变成气体，使体积膨胀。如果航天员不穿加压气密的航天服，则会因身体内外压差悬殊而丧失生命。绘制航天服预制图样，既需要想象力和创造力，也需要严密性和科学性。

在研制航天服时，刘竹生提出质量标准控制方针：“目标细化、责任到人、严守节点、全程控制。”他还提出：“横向到边、不遗漏任何一项工作；纵向到底，不遗漏任何一个环节；责任到人，不遗漏任何一个岗位。”

刘竹生和顾问组成员，对高空辐射、温度、湿度、压力等环境因素进行了精确的复核和分析。为了按时完成舱外航天服的制作任务，刘竹生以及其他顾问组的老专家和“裁缝”们一道，加班赶制舱外航天服。刘竹生虽已年近古稀，但工作起来干劲仍不减当年，最终，拥有六层结构的舱外航天服按时研制出来。

2008 年 9 月 25 日 17 时 30 分，胡锦涛总书记在酒泉卫星发射中心的问天阁接见了即将出征的三位航天员——翟志刚、刘伯明和景海鹏，为英雄们出征壮行。

21 时 10 分，零号指挥员果断地发出命令：“点火！”发射控制台操作员按下了红色“点火”按钮。

挺拔的长征二号 F 火箭喷出火龙，托举着飞船，伴随着巨大的轰鸣声，直刺云霄。

2008 年 9 月 27 日，翟志刚身着中国制造的航天服，打开轨道舱的舱门，全身飘出舱口，犹如一匹飞马，在太空中漫步。翟志刚在太空对北京航天飞行控制中心报告：“神舟七号报告，我已出舱，感觉良好。”翟志刚在太空中停留了 19 分 35 秒。

刘竹生在飞控中心看到翟志刚出舱的场景，心里由衷地喜悦，这不正是对他们辛勤工作的最好回报吗！

刘竹生虽从总师岗位上退了下来，却像救火队员一样，哪里需要，便冲向哪里，协助解决了不少关键问题。在很多次技术研讨会上，刘竹生提出了不少建设性意见。

在神舟六号、神舟七号的载人飞行中，我国首次在运载火箭上配置了图像测量系统。在载人火箭飞行中，利用图像系统能在发射现场、北京航天飞行控

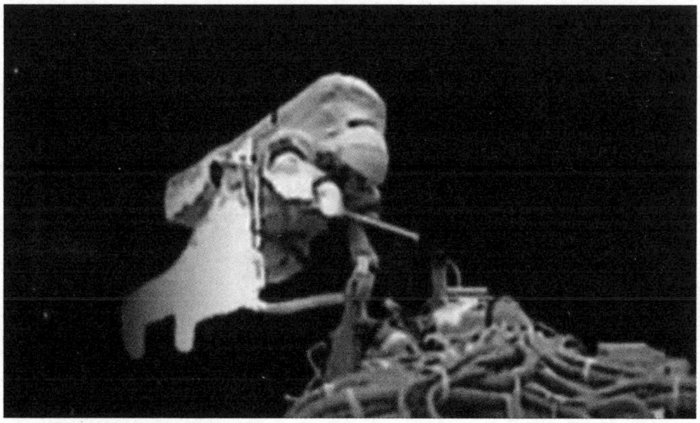

翟志刚身着国产航天服出舱活动

制中心以及电视屏幕上清晰地看到火箭飞行和分离的全过程。在研制火箭实时图像测量系统时，因为不能改变现行的遥测体制，刘竹生带领研制团队利用火箭遥测系统的现有资源，在系统实现过程中，采取调整遥测参数、选择适当的图像压缩比及按飞行顺序切换图像的方案，较好地解决了对飞行关键点的图像观测。

2. 著书立说

书是人类进步的阶梯。

刘竹生认为这句名言很有道理。不仅如此，他认为，书是航天科技传承的工具，是汲取前人经验、启迪后人思想的技术平台。当技术成熟到一定阶段的时候，以书载道、用书传承科技思想，是科技人员的责任。

长征二号E运载火箭和长征二号F运载火箭的研制和发射任务完成以后，刘竹生陷入了沉思。为了航天设计人员和广大员工在研制和发射新型火箭时，能够参考已有的经验，避免重复劳动、重犯类似的错误，刘竹生负责编写了长征二号E运载火箭和长征二号F运载火箭的技术手册、故障汇编和可靠性设计文集，以及发射场“双想”文集等宝贵技术资料。

刘竹生看到，火箭在飞行过程中出现很多次“分离”，有“助推器分离”“一、二级分离”“整流罩分离”“二、三级分离”“星箭分离”。当看到被分离的箭体在太空中画出美丽的弧线时，才能稍有放松，但马上又要迎接下一个分离动作，在从发动机点火至将有效载荷成功送入预定轨道的飞行过程中，每个动作都是一个里程碑，决定着发射任务的成败。

火工装置又是火箭分离系统中应用的重要部分。

火工装置，也称为爆炸装置。一般而言，是指装有火药或炸药，受外界能量刺激后燃烧或爆炸，用以引燃火药、引爆炸药、做机械功或产生特种效应的一次性使用装置的总称，主要由发火元件、装药和功能结构组成。

航天火工装置具有功能多、种类多的特点，主要有点火器、起爆器、连接分离装置、传爆装置等几大类，广泛应用于航天工程的地面、分离、逃逸、动力及自毁等系统，由于应用范围较广，航天系统多个领域、众多专业的设计人员都需要深入、系统地掌握火工装置的相关知识。

目前，关于航天火工装置的专著非常少，这主要是由于这一类产品的特点决定的。航天火工装置与一般通用产品不同，火工装置技术的发展与航天飞行器系统的发展有着密切的联系，具有较强的工程色彩，如果脱离工程应用实践去介绍航天火工装置技术，则会在很大程度上失去应用价值。近些年来，随着航天事业的快速发展、火工装置设计队伍的日益壮大，对该领域研究性专著的需求越发迫切。前人的研制经验可以帮助年轻人更快成长，这也是确保航天产品质量的有效途径之一。总结与提炼前人在航天火工装置领域几十年的研制经验，使得这一宝贵的财富可以得到更好的传承。

在这种情况下，刘竹生根据自己长期积累的知识和经验，并组织一些专家，共同编写了《航天火工装置》一书，于 2012 年 12 月由中国宇航出版社出版发行。

这本书把航天火工装置分成起爆器、传爆装置、分离装置、动力作动装置

《航天火工装置》

和保险安控装置五大类。全书共分 10 章，第 1 章介绍了关于航天火工装置的基本知识及其现状与发展；第 2 章到第 6 章介绍了各类产品的组成与工作原理、性能参数、设计方法以及应用情况等；第 7 章介绍了火工系统设计和火工装置的选用方法；第 8 章介绍了航天火工装置可靠性与安全性设计；第 9 章介绍了航天火工装置试验类型及方法；第 10 章介绍了新型火工装置的研究与应用；附录介绍了航天火工装置试验方法、相关标准和术语。

随着航天工程技术的发展，火工装置能够完成的功能越来越多，诸如点火与起爆、连接与释放、切割与破碎、延时、阀门打开与关闭、驱动作动和燃气推进等；品种、规格、数量也越来越多，我国长征三号乙火箭使用了近 300 件火工装置；美国阿波罗飞船上使用了 314 件，航天飞机上使用了 400 件。

航天事业的发展需要许多尖端科学技术，火工装置技术仅是其中的一个分支，但它却扮演着极其重要的角色。火工装置技术发展促进了航天技术的发展，反之，航天事业的迅猛发展也推动了火工装置技术的进步。世界各国都十分重视火工装置技术在航天系统中的应用，不断投入人力和财力，研究小型化、高可靠性和高安全性的火工装置，增强在航天技术领域的竞争力。

2015 年 9 月，刘竹生完成了又一本书——《航天分离设计》的编写。由刘竹生担任主编，组织专家和一线工作者一道参与，用了近两年时间，终于完成了此书的编写工作。

航天分离系统是航天飞行器一个重要的分系统，广泛存在于以运载火箭和战略导弹等为代表的多种航天飞行器中。航天分离系统的主要功用是将飞行过程中已经完成其预定工作，而且在继续飞行中无用的部分分离并抛掉，从而达到减轻航天飞行器的消极质量，提高航天飞行器运载能力的目的。

分离设计在航天器设计中起着举足轻重的作用，该系统能否可靠工作，将直接决定发射任务的成败。目前，航天分离系统种类较多，各类分离系统的设计特点和难点不同，因此编写一本航天分离设计方面的专著非常必要。

当初在“长二捆”运载火箭研制初期，为了解决“助推器分离”“整流罩分离”问题，刘竹生苦思冥想、夜不能寐，他怎么可能忘掉，甚至很多细节都铭刻在心。他要把它们总结出来，让后来的人少走弯路，在他们的基础上继续前行。

若分离系统中任何一个环节出了问题，均会影响到航天飞行器任务的执行。国外航天飞行器中由于分离系统故障造成飞行任务失败的例子屡见不鲜。分离系统在我国航天发展史上应用多年，也曾经在研制、试验，甚至在飞行中出现过一些问题，有些甚至导致了任务失败，造成了严重的经济损失。

随着航天事业的发展和未来航天飞行器的需求，对航天分离设计的要求也越来越高，高可靠地完成航天分离任务是航天分离的基本需求，但航天分离设计同时需要考虑飞行器的特点、相关约束条件，如经费、进度等多种限制，航天分离设计也是一项复杂的系统工程。因此，急需一本航天分离设计工程实践专著，用以指导和规范航天分离设计工作。

《航天分离设计》一书在总结我国航天分离系统几十年研制经验的基础上，系统地阐述了分离系统的理论基础、设计和试验方法，并通过典型分离系统设计、数学仿真分析及地面试验方法的介绍，将理论与实践很好地结合，对规范设计手段和提高设计水平，具有重要的意义。第 1 章介绍了航天分离的定义、方式、分类及主要工作内容；第 2 章介绍了航天分离的理论基础 - 多体动力学理论；第 3 章介绍了航天分离系统共性的一般设计方法及每种分离系统专有的设计方法；第 4 章介绍了航天分离系统产品的设计要求和设计方法；第 5 章介绍了航天分离仿真的一般方法和具体案例；第 6 章介绍了航天分离系统验证性试验方法；第 7 章介绍了航天分离的发展历程及未来发展方向；附录介绍了航天分离设计的相关标准。

《航天分离设计》一书是我国第一部系统研究航天分离技术的专著。书中的理论推导和数值模型可以应用于各类分离系统的仿真计算，并结合实际的研制工程经验，系统阐述了航天分离设计各环节的设计难点和重点，书中提出的方法、要求和原则，能直接指导分离设计和应用。

普希金曾说：人的影响短暂而微弱，书的影响则广泛而深远。

书是前人的经验，书是思想的产儿。刘竹生用心血将自己长期积累的经验和知识凝聚成专著，将对提升我国航天技术发展水平和保证航天产品质量，起到指导作用。

3. 助力风机

作为高精尖的国家大型企业，航天一院不仅在火箭型号研制上首屈一指，在航天技术应用产业上，也有不少国内先进的大型项目，风机就是其中之一。

所谓风机，就是利用风能产生机械能、将机械能转化为电能的装置，又称为“风力发电机”，属于环保清洁能源，在我国属于新兴技术。目前，国际上主要有美国、德国和荷兰等少数国家掌握这项技术。与这些国家相比，中国起步晚，但起点高、发展快。

风能资源是取之不尽、用之不竭的清洁可再生能源，风力发电是新能源领域中最具规模、开发条件和商业化发展前景的发电方式之一。随着我国对环保问题和能源保护的高度重视，风力发电项目有着其优越的政策优势和广阔的市

戈壁滩上的风力发电

场前景。

中国是最早利用风能的国家，风车提水、乘帆远航为普遍使用的技术。新中国成立初期，为解决分散居住的农牧民的用电问题，国家开始支持小型风力发电机的研制和应用。经过几十年的发展，小风电不仅解决了大量偏僻农牧民家庭的供电问题，而且逐步进入各大城市照明领域，成为现代化电力体系的重要补充。

作为一院航天技术应用产业三大项目之一，风机项目由一院统一管理，2009 年开始研制，经过方案论证和试制生产，先后生产出 1.5 兆瓦、2 兆瓦、3 兆瓦三种功率的风机。2014 年，风机开始运营，交付使用。因质量可靠，性能优良，该风机一经面市，很快受到好评，成为国内业界的领先者。

然而，刘竹生知道，这大风刮来的钱并不是那么好赚的。在风机研制过程中，一院把火箭研制的成熟经验和系统管理的模式引进了该项目之中，使其如虎添翼，在众多商家中脱颖而出。60 年的积淀，航天一院的型号管理模式已经被数百次的成功反复证明了其成熟度与优越性，而今用在风机生产上，自然驾轻就熟。

为给风机项目进行质量把关，一院领导邀请两位院士——刘竹生和曾广商，从技术质量上对风机产品进行掌控。

在介入该项目之初，刘竹生详细了解了这个新兴项目。他了解到，风机是由风机塔、发电机和叶片组成的，风机塔一般高达 85 米，底座是直径 4 米大小的基座。风机塔的顶端是高效能的发电机，前端连接着的就是 40 米长的叶片。当大风刮起时，叶片转动，即可产生机械能，传输给发电机后，继而转化为电能。在研制过程中，刘竹生看到，风机使用了型号研制中的一些新技术、新材料和新工艺。比如，叶片使用了火箭上用的非金属纤维材料，风机的控制系统采用了火箭上的控制系统成熟技术等。

看到这些，刘竹生暗自点了点头。不错，航天技术的这种辐射效应利国利民，值得推广。

2010 年 1 月，在春节即将来临之际，刘竹生和几位技术人员一道奔赴内蒙古兴河县的风场，现场观看风机的运行情况。

清早，满天繁星之下，刘竹生和同事们一起坐上开往风场的汽车，经过六个多小时的颠簸，到达风场现场。1 月的内蒙古，白雪皑皑，寒风刺骨。塞北的天是湛蓝的，塞北的地是雪白的，塞北的风是刺骨的。零下 30 摄氏度的气温条件下，还刮着 10 级左右的狂风。这里的风，比塞北其他地方的风刮得更狂野。

来到风机样机的基座前，刘竹生看到，85 米高的风机塔在狂风中孑然挺立。风机样机上安装有电梯，但简陋狭小。乘坐电梯，来到风机塔顶端的机舱平台上，刘竹生发现，这个十平方米大小的平台在风中有些摇摆。顾不上注意这些条件的简陋，刘竹生穿着厚厚的军大衣，站在高高的风机塔平台上，仔细观看风机的每一个部件，仔细询问其运行状况——原理是什么？运行效果如何？会出现哪些意外？有哪些解决措施？当他听到较为详尽的解答之后，不禁点头微笑。

走下风机塔之时，刘竹生才恍然发现，寒风刺骨中，不仅身上冰冷得几乎冻僵，双手也已经失去了知觉……

工作条件是如此的艰苦，航天人是如此的艰辛。

体会到风机建设的艰难，刘竹生在项目发展中更加尽心尽力了。在重要的生产环节和关键节点上，刘竹生时时给予指导和把关。他告诉设计人员，要利用型号管理的成熟方法和思路，对技术状态进行控制，避免设计方案的反复。他提醒质量管理人员，应借鉴技术成熟度的评估经验，开展全面系统的质量管理。在故障出现之后，他告诫技术人员，凡事要多提几个为什么，从故障分析、故障定位、机理分析、问题复现、措施验证等多个角度进行举一反三，实现故障的彻底归零。

在现实中，风机遇到的风力情况是千差万别的，工况达到两千多种。如何在这两千多种情况下保证风机一直正常运转，是研制人员的研究重点。刘竹生提出，能否对风机的载荷与零部件的刚度和强度

刘竹生（中）在风机技术讨论会上

开展计算？研制人员顿时茅塞顿开。对于出现的故障难题，刘竹生给出建议，是不是可以用无损探伤检测一下？难题迎刃而解。

无论什么时候，不管是方案论证会，还是技术评审会，刘竹生都不爱多说话，但每次发言，都有理有据，简洁明了，引得同事们纷纷点头赞同，使研制人员顿生醍醐灌顶之感。大家认为，这位老总，基础扎实，既务实又宏观，有高度，有深度，了不起！

大风起兮云飞扬，今有勇士兮守家邦。

刘竹生认为：中国航天技术的成熟与先进，是有目共睹的；用之于国计民生，自然效果出众。不仅仅是风机项目，在其他项目上，都应该脱颖而出、与众不同。

航天品质，当然毋庸置疑！

刘竹生

刘竹生院士传记

Academician Liu Zhusheng's Biography

第十五章

人生风骨

如果竹子能感悟，每过一道坎，都会遭遇一种难言的战栗和痛苦，但积蓄力量闯过去后，便会长高一节——就像人一样，走出迷茫，立时风光迥异，天地不同。

——刘竹生

1. 人生如竹

未出土时先有节，及凌云处尚虚心。

也许因为名字中有个“竹”字，也许因为竹子不畏霜雪、四季常青的品格，刘竹生对于青青翠竹颇为欣赏，不仅因其亭亭玉立，婆娑有致，更是因其有着顽强的生命，蕴含着虚怀若谷，挺拔洒脱，正直清高。这与刘竹生的人生价值观十分契合。

在刘竹生看来，人和竹子一样，虚怀若谷，气节不凡。还有，他感觉到，人生的成长和竹子的生长，往往有相似之处。人生之路是一步一步行走的，每次的转折，都会有短暂的迷茫与紧张，竹子也一样。挺拔有致的竹子，每一次的长高都会经历一番破与立，每一节的诞生都是在不断的突破中完成的。刘竹生相信，如果竹子能感悟，每过一道坎时，都会遭遇一种难言的战栗和痛苦，但积蓄力量闯过去后，便会长高一节——就像人一样，走出迷茫，立时风光迥异，天地不同。

还记得苦苦钻研某个难题的时候，整日里苦思冥想的艰难。那时候，真的是茶饭不思，心里就像压了一块大石头。这就像竹子似的，刘竹生后来感悟到，人生的关键时刻，往往是生命的紧张和痛苦汇集到一起的时候，必然会比平时感到加倍难受。但这是好事而不是坏事。如果生命缺少颤抖般的战栗与挣扎感，那就意味着你还没有触及成长的关键点，最终难以有所成就。所以要勇于承担那种“建设性”的痛苦。

什么是坚忍力呢？坚就是坚持，忍就是忍受，能咬牙忍受，不达目标誓不罢休。多少次，在这种关口，刘竹生感觉到自己的软弱无力，也曾经有过放弃的念头，曾经不惜功亏一篑也不想继续承受煎熬。但是，在他心目中，“中国航天”四个大字重如泰山。最终，他还是咬紧牙关，挺了过来。

还记得做整流罩分离试验的时候，刘竹生精神头儿很足，但等到试验结束之时，心情一放松，顿时觉得一身疲倦，几乎站不住了，多日的持续试验，如履薄冰的高度紧张，感觉身体已经达到极限……

刘竹生曾经看过一段话：每遇到一次挫折便动摇一次信心，这是人之常情，但是伟人与凡人的不同，就是在其动摇信心的同时，会说服自己再次树立信心。许多经历挫败而最终成功的人，他们感受熬不下去的时候，比任何人都要多，但是，即使感觉熬不下去时，也要咬咬牙再熬一次。愈败愈战，最终取得成功。

此言有理！中国有句古语，掘井九仞，而不及泉，尤为废井。成功者与失败者之间，只隔着一层薄纸——是否有足够的韧性与耐性。

破节而出，步步高升，而这些，何尝不也是中国航天的发展历程呢！

中国航天的历史，是一部充满了成就的辉煌历史，也是一部不断遭遇失利后又不断崛起的奋斗史。从最初的东风二号导弹首飞失利，到“长二捆”火箭的发射失败，再到最惨烈的星箭俱毁，中国航天的路，绝不是一路坦途，相反，走得艰辛，但走得豪迈！——每一次的失利，都能认真对待，每一个难关，都勇于顽强拼闯！

勇敢，并不是不知道惧怕。

勇敢，是在惧怕的时候仍然能颤抖着双腿迈步向前。

于是，在东风二号导弹的基础上，东风三号导弹以全新的姿态傲然呈现。于是，在“长二捆”火箭的基础上，“长二 F”火箭的可靠性和安全性更高。于是，一院的质量管理缜密而周到，细致而详尽，成为国企楷模……顽强，毅力，忍耐，坚定，这种豪迈已深入心魂。挫折，只能成为成功的垫脚石。踏着磨难而上，是中国航天人的不二抉择！

对于钟爱的事业，刘竹生豪气冲天，但在做人这方面，他却质朴得近乎简单。

交友须带三分侠气，做人要存一点素心。

素心，心地纯洁之意。素心做人，以成熟、理性的心态处事，以豁达睿智的风格做事。包拯有诗：法立奸胥畏，官清凭素心。这是他的居官心得，才使他清正廉洁，成为千古名臣。坚守一份俭朴、恬静、淡泊的人生，感知人生大志大趣。刘竹生认为，人，应该心存一点素心，拥有一份淡泊心态，宁静致远的心境。耐得住寂寞，从石头树木中听自然之韵律；守得住素心，看花开花落时造化之神奇。

一颗素心对火箭，火箭却也有情感。火箭绝不是自己获取名利的工具，工作也绝不是争名逐利的场所。对于最热爱的火箭，刘竹生认为，它是有灵性的。一个试验队有数百人，作为总设计师，刘竹

刘竹生在长二捆火箭前留影

生觉得火箭也应该算得上一个“队员”。站在火箭前，尽管拍拍它是金属的、摸摸它是冰凉的，但他总觉得火箭像个人，也是有生命的。“你要是不好好对待它，将来它准要找你算账。只要善待它，它一定不会辜负你。”刘竹生说。站在大个子火箭旁边，刘竹生的心里常常温情涌动，左看右看，觉得火箭哪儿都那么美。发射前夕，他常常抚摸着火箭箭体不忍离去。每当火箭要转入发射阵地时，看到昂首待发的火箭，刘竹生的心中更是温情一片，怅然若失的感觉，使刘竹生舍不得离开“他”半步。每次，刘竹生都要爬上十几层高的平台，从上而下地仔细端详、亲切抚摸“他”。看到自己亲手铸造的火箭扶摇直上、冲破九霄，感受到其在星空下喷薄而起，刘竹生觉得，这是对自己劳动成果的最大慰藉。

在工作上，刘竹生从来没感觉到有什么无法克服的困难——只要尽心尽力，总能想出办法。当然，科学试验总有失败的时候，那不是意料之外的事情，但在波折中前行，方向是明确的，尽量减少失败的概率，即使遭遇失败，也能及时找出原因并加以改进，那就能立于不败之地！

一颗素心对同事，尊重他人，民主交流。无论身为总师还是作为院士，刘竹生一直平易近人，在工作中注重尊重他人。他知道，这个优良传统，老一辈就是这么做的。

刘竹生最尊敬的航天人，当属航天四老之一的屠守锷。作为技术大家，屠老总一直平易近人，虽言语不多，但内心平和，一心为公。多少年了，刘竹生一直记得，院办三楼的会议室内，在东风五号导弹研制的某次会议上，屠老总组织大家围绕系留试验展开研讨。在听取大家的发言中，这位老总站起身来，围绕着会议室轻轻踱步，或者时不时地伫立窗前静静思考。当大家都发表完意见之后，屠老总走到刘竹生的椅子背后。年轻的刘竹生一扭头，看到这位温和的长者果断地拍着他的肩膀，开口说道："做！"

多少年后，刘竹生一直记得那次会议，不是因为屠老总认可了自己的提议，而是那种技术民主的氛围——在技术面前，不论资历，不论职务，每个人都可以平等地发言，坦陈己见，毫无保留，这不就是良好的科研工作环境吗？这也正是航天事业得以成功的宝贵经验啊！技术民主的作风，集众人之智慧，铸航天之成就，值得永为流传！

"同事是我们要团结起来一起干事业的人"，刘竹生认为，"决不能浪费他人和自己的生命在那些钩心斗角的事情上。"尤其是对工人师傅们，刘竹生更是尊重、交底、交朋友。"设计工作离不开生产工艺，离不开安装调试，更离不开那些可爱又可敬的一线工人。”刘竹生告诫年轻人说：“一定要在工厂那边有几个铁哥们，技术上要交底，要听他们意见。”“没有人是全知全能的……工程与理论是有很大区别的。”设计研制人员必须要“接地气”，才能如鱼得水，做好工作。工人有实践经验，知道加工时车床能掌握到什么程度，技术好的工人在加工之前，还能指出设计图纸上某些不切实际的错误。

刘竹生清楚地记得，在他负责助推器捆绑分离系统研制期间，针对如何安全可靠地保护分离试验中的助推器这个难题，他和他的团队都遭受到了极大的挫折，特别是在方案确定之后的安装协调过程中遇到了阻力，各方的推拒令他束手无策。最终帮助他解决这个难题的不是他过人的理论知识和丰富的技术经验，而是凭着他谦和有礼的人格魅力所结识的工厂那帮铁哥们儿。“在工厂车间没有几个铁哥们儿、你是无法当好设计员的。”这句话，刘竹生曾多次对人讲起。在他看来，设计人员既要上得去——从大局和系统的高度思考问题，也要下得来——从生产和实践的细节审视设计。对于后者，除了自身的学习和积累之外，更需要信赖和依靠那些长期奋战在一线车间里的工人兄弟们。

一颗素心看名利，心地坦荡自从容。刘竹生认为，名利本就身外物，人应该有这种觉悟。不贪恋总师这个职位的权力，不囿于院士这个名衔的光环，刘竹生只做自己认为正确的事情。初出茅庐，踏实上进，自然是应当的。人才辈出，推陈出新，这个时候，急流勇退是正确的。新人初任，经验不足，这个时候，顺势而为，做个高参是正确的。身为长者，传授育人，提携后辈，更是自然的。

时常，深夜时分，刘竹生伫立窗前，仰望苍穹，那无尽的幽蓝之中，荧光点点，繁星灿灿。太空是如此的浩渺无际。如果身处苍宇回看地球，该是微若尘埃吧！而那些名与利，那些是与非，又该是多么不值一提的啊，又有什么值得眷恋不舍的呢？

心宽容天下，清澈铸心魂。只要内心坦荡，不注重私利，那么，一切进退上下，又有什么不正确的呢？

2.故乡明月

歌曲《外面的世界》中唱到：

外面的世界很精彩，外面的世界很无奈……

单就这两句歌词而言，刘竹生认为是有道理的。随着20世纪80年代后期，我国的改革开放政策使航天企业在国际间的交往多了起来，刘竹生走出国门，先后访问了许多国家，见识了不少异国风采、风土人情。美国、俄罗斯、以色列、法国、英国、日本、澳大利亚等国，都留下了刘竹生的足迹。

让刘竹生印象最深刻的当属以色列。

以色列是全世界主要宗教——犹太教、伊斯兰教和基督教的发源地。在第二次世界大战期间，被德国纳粹迫害的犹太人很多是以色列人，电视新闻中经常出现战火连绵、充满硝烟的巴以冲突。那片土地，在刘竹生看来，既神秘又可怕。

踏上以色列的国土，刘竹生看到街道两旁人很少，年轻人都身着军装，身背枪支，几乎看不到平民百姓，真可称得上是全民皆兵了。而在路途中，刘竹生感到以色列人对他们很友好。后来，据当地的一名司机介绍：中国人曾对以色列人有恩。第二次世界大战期间，希特勒屠杀了许多集中营里的犹太人，但仍有一部分犹太人侥幸逃了出来，他们乘船从欧洲出发，途经许多国家，但大多国家怕惹麻烦而不允许他们上岸。危难之际，只有美国和中国伸出援手，收留了他们。他们认为中国人善良，能够包容他们。善良终会有回报的，刘竹生暗暗点头，因果循环还真不无道理。

他发现，这个国度里有好多集体农庄，像中国过去的人民公社一样，大家一起干活，按劳取酬，和社会主义的分配原则一样。因此，很多以色列人觉得他们是社会主义制度。但是他们资源匮乏，很多城市是在石头山上建起的，植物生长几乎全靠人工灌溉。故而，他们明确制度，开源节流，精打细算。

相比之下，刘竹生感到，中国的土地、水等自然资源简直太丰富了。如果我们能像以色列人那样精明一些，在资源保护和资源有效利用方面做得更有力一些，人民的生活质量将大幅度提升。学人所长，为己所用——拿来主义嘛！

20 世纪 90 年代，刘竹生等人去莫斯科几家单位进行谈判，顺便了解了当地的自然风情和人文景观。

幼年时，刘竹生在街道上遇见过苏联军人。上小学时，他亲手为苏联人挑过豆子，还跟苏联老师学过俄语。中国航天起步之初，苏联曾伸出援手，帮助过中国。后来，中苏关系恶化。再后来，苏联解体，一个国家分裂成十几个独联体国家。这是一个自己并不陌生的国度，刘竹生对它充满了兴趣。

当时的俄罗斯，体制改革已经进行了若干年，航天业也开始进入国际市场。但遗憾的是，他们的思维还停留在计划经济时代，显然与市场经济格格不入。而此时，又失去了计划经济管理模式的生存环境，自然一时之间，显得无所适从。曾经辉煌过的火箭研制单位，有的已经开不出工资了。单位里不少年轻人选择离开，去从事经济贸易工作。

刘竹生不禁想到 20 世纪 80 年代初，乍逢改革开放时航天一院的窘况。那时，大家也是有点不知道该干什么，但随着思路的改变，自然柳暗花明。俄罗斯的航天事业开始于 20 世纪 50 年代，起步比中国要早，技术实力比中国要强，经过一段时间的“阵痛”，刘竹生相信，他们一定能找到属于自己的道路，俄罗斯航天科技再展雄风，也不是不可能的事情。

转变思维，结合实际，开拓市场，搞活经济。踏上国土后，刘竹生有了更深的体悟，市场经济不是老虎，不是洪水猛兽，不需要拒之门外。顺应历史潮流，改变僵化的思维，真的太重要了！走出禁锢，走向开放，不能只停留在口头上或纸面上啊！

刘竹生去美国的次数最多。美国给刘竹生的印象是幅员辽阔，物资丰富，技术先进，人种复杂。美国的物价之稳定，令刘竹生咂舌——一百年不变，真是罕见！而美国人中，中产阶级占绝大多数，他们往往不以工作或事业的辉煌当作成功的第一要素，在他们看来，与家人团聚、一家人和和美美，也是莫大的成功。这显然是一般的中国人并不认同的，但刘竹生觉得，这种观点不无道理。

打过几次交道后，刘竹生感觉到了美国人的精明和爽直。有几次，刘竹生和美国宇航公司的代表进行谈判，他们事先准备的文字材料非常全面，并且在谈判过程中对我方的产品了如指掌，比如有关我方整流罩的结构，他们能拿出厚厚的一整套资料，当场侃侃而谈，有的放矢。而当第二次谈判开始时，谈及上一次谈判的具体内容时，美国公司又拿出了自己的记录材料，条理清晰，叙事简洁。这种严谨

1990年，刘竹生在美国留影

的作风，令刘竹生震撼。美国的航天成就还真是空穴来风啊！

严谨踏实，简单明了。这种作风，中国航天人也应该具备。回到国内，刘竹生大力推荐这种作风。学人所长，补己所短，扬长避短，迎头赶上！

法国是刘竹生比较关注的国家之一。他曾经拜读过雨果的名著《九三年》，这位文学大师以优美的笔触，细腻地刻画了人性中的善与恶，美与丑。刘竹生很认同雨果的观点：道德是真理之花。每一个人都是善恶俱存的综合体，在一些坏人的心底，也会有人性的光辉闪耀时刻。作品中的朗德纳克如此，郭文如此，其他人也是如此。暴力不可能降服敌人，而人性的光辉却能战胜人心底的邪恶，消除人与人之间的对立。从这些人身上，刘竹生感受到，人性是复杂的，是会发生变化的，唯有人道主义精神是永恒的。

怀着对雨果的尊敬，刘竹生来到巴黎，本想去卢浮宫大饱眼福，但却吃了个闭门羹。这座享誉全球的艺术殿堂的门口贴有告示，上面写着：由于罢工，停止开放。转身刚要离开，刘竹生等人却和罢工的游行队伍不期而遇。他看到，罢工的队伍非常散乱，有的手里拿着鼓，有的吹着小喇叭，服装各异，有说有笑、嘻嘻哈哈地徜徉在卢浮宫前边的大道上。在刘竹生的印象里，游行队伍起码要队列整齐，还要义愤填膺、高呼口号。可这群人像是在开玩笑，或过节联欢一般。这些老外们！刘竹生不禁笑着摇摇头……

走过这么多的地方，刘竹生看到了世界的精彩，也领略到了世界的无奈。在他心中，还是觉得自己最挚爱的中国是最好的地方。且不说倾注了无数心血的航天事业，且不说生活了几十年的故土家乡，刘竹生深深挚爱着这片神州大地上的灿烂文化。唐宋文韵，魏晋风流，五千年的历史文韵，哪国堪比，这里无数的造化神秀，有口皆碑。

月是故乡明。中国，就是刘竹生心头的那轮明月，无论他身在哪里，都会烛照在这位赤子的心头……

3.梦在穹宇

浩渺星空，奥妙无穷。

生活在地球上的人类，活动的范围不断扩大。从陆地到海洋，从海洋到天空，从天空到太空。火

刘竹生在澳大利亚留影

箭正是人类探索太空必备的交通工具，而通往太空的高效、快捷、舒适、安全的火箭，需要几代航天人，甚至几十代航天人不懈的努力。

运载火箭作为航天的一种交通工具，它的应用在某种程度上关乎人类活动的空间。运载火箭能力有多大，人类在空间舞台上活动的范围就有多大。正是这样，世界上的航天大国把大力发展先进的运载技术，作为确立空间大国的重要手段之一。保持航天运载器的领先地位，是提升大国地位的重要战略目标。

虽已离开了一线的科研工作，但刘竹生一直深深关注着自己钟爱一生的事业，关注着载人航天工程。刘竹生认为，载人航天对于国家长远的发展，有诸多裨益。他说："人不能短视，国家也不能短视。有些项目，虽不能马上见到效益，但从长远来看，将会给国家或人类带来巨大利益，这样的项目我国应该发展，比如，载人航天、空间站建设、深空探测等项目。"搞航天，应看重远期效益，而不是眼前利益。中国要强盛，除了发展经济以外，更重要的是科学技术实力。发展航天，对提高我国整体科学技术水平的作用，是无法用经济指标衡量的。载人航天的成功，为我国下一步建立空间站打下了良好的基础。在空间站上，人类可以研究很多地球上研究不了的或很难研究的技术问题。下一步，我国还将实现载人登月等目标。未来，人们还有可能到月球上去旅游，也有可能长期生活在月球上。

谈到美国20世纪70年代阿波罗登月，刘竹生说："美国登月登早了，当时，美国与登月配套的相关行业还没有发展起来，比如，通信、太阳能发电等技术都没有发展，火箭上去以后，航天员捡了点石头就回来了，不知道上去干什么，干得事太少了。如果现在人类登月，可做的事情就太多了。科学家在那里可以做很多在地球上做不了的科学实验。另外，月球基地的军事意义也很大。航天技术应该配套发展，才可持续。"

刘竹生认为，如果放在现在，这一切会更加完美。然而，刘竹生也清楚，

浩渺的星空

人世间，哪里有那么多完美呢？拿人来比喻，上至高官，下至黎庶，各有千秋，特色迥异，每个人都有自己的长处，也都有自己的短处，这才是最真实的现实。接受别人和自己的不完美，在这种真实的基础上做出冷静的选择，这，就是睿智——在自己和他人都不完美的前提下，学习别人的长处，不断提升自己，这就是修养与内涵；在别人的不完美的现实中，包容体谅，并警醒自身，这就是胸怀与气度。

见贤思齐焉，见不贤而内自省也。刘竹生认为，孔子的这句话，文字简短而内涵深刻，值得仔细琢磨，深入领会。把人生作为一个不断提升自己内涵的过程，放淡对名利的追逐，是一种境界，自有其中的乐趣。在此过程中，内心的充实与笃定，是追名逐利之徒无法体会的。刘竹生非常认同一个观点：人生，是一场修行！

不只人类是不完美的，需要修身养性，一项事业一般也不会进展得一帆风顺，大多是在曲折中前进。就拿中国航天来说，多少次的失利，才铸就了今日的辉煌。但目前，中国的火箭依旧不够完美——我国的基础理论研究水平在世界上相对薄弱，与发达国家相比存在很大差距。特别是受到3.35米直径的限制，长征火箭近地轨道运载能力只能达到9.5吨，地球同步转移轨道运载能力只能达到5.1吨，远远落后于国外新型运载火箭的运载能力。同时，长征火箭在可靠性、安全性、“通用化、组合化、系列化”三化程度、环境保护、发射周期等方面还存在着差距，限制了我国火箭研制体系规模化、产业化的发展，很难适应未来空间技术的发展和国内外卫星发射的需要。中国航天，还有很长的路要走。

清楚地认识当前的不完美，以完美为方向与目标，奋起直追！

建成完善的航天运输系统，是中国航天运载技术的目标——以研制重复使用运载器为重点，先从研制两级入轨部分重复使用的运载火箭开始，逐步过渡到单级入轨重复使用的运载火箭；在突破可重复使用运载器关键技术之后，再逐步开展两级入轨重复使用运载器的研制，初步建立满足发展需求的天地往返运输系统。在突破单级入轨运载器的关键技术后，最终研制出快速、机动、廉价、可靠的单级入轨重复使用运载器——这是未来几十年中，中国航天的明确目标。

路漫漫其修远兮，吾将上下而求索。刘竹生知道，在这条实现远大目标的征途中，过程不会一路坦途，但他更清楚中国航天人骨子里的百折不挠与坚韧不拔。他相信，凭着中国航天人的聪明与坚毅，未来航天强国的席位中，必将有华夏民族的身影。

在航天一院院长李洪的眼里，刘竹生不仅在核心技术攻关的时候脱颖而出，也不仅在举荐年轻人方面不遗余力，在任何时候，他都谦虚谨慎，在需要帮助时总能挺身而出，不求回报。就其最大的特点，李院长认为，刘竹生能在危急关头临危受命，全力以赴，不辱使命，功成身退。“这便是科学家的品质，这便是一种大局意识，一种协同意识。”李院长感慨万千：“这些都需要咱们后来的航天人学习、借鉴。”

航天一院党委书记梁小虹认为，航天事业是一项充满激情的事业，需要全身心地投入，需要百折不挠的顽强与毅力，需要一种情怀与一腔热血。在梁书记看来，每一个航天人，在骨子里，多少都有家国情怀，都有热血豪情，正是这些精神支撑着一代代航天人在物质条件有限的情况下安心奉献、苦心钻研。而刘竹生院士是其中的典型代表，他对火箭的深情，他对事业的投入，梁书记和大家一样，都看在眼里，记在心上——这种航天人，才是真性情、最男儿！

横看成岭侧成峰，远近高低各不同。正如在一千人的眼里有一千个哈姆雷特一样，对于刘竹生，大家也都有不同的评价。对此，刘竹生都微笑以对。在他的眼里，自己并不是一个完美的人，也不具有所谓的完美人生，只不过自己有一些特点，只不过自己热爱航天事业，只不过自己一直全身心地努力工作，才获得了一些成绩。在古稀之年，把自己的经历和特点展示出来给年轻人翻阅，让他们从中吸取有益的东西，或者任由他人剖析自己，让他人有所启示，也不失为一件有意义的事情。能为自己最爱的航天再多奉献一点，是他最初的心愿。

刘竹生钟情一生的是伟大的航天事业，念念不忘的是航天事业的后续与发展。展望未来，刘竹生充满豪情，感慨道："我们这一代人用长征火箭把卫星送到了 36000 公里远的地球同步轨道，把航天器送到了 380000 公里远的月球轨道上，我相信新一代航天人在不远的将来，一定能够把人送到月球上！"

中国航天的未来，必将更加辉煌！

刘竹生大事年表

1939 年
11 月 17 日，出生于黑龙江省哈尔滨市道里区安化街 18 号。

1947 年　8 岁
9 月，入哈尔滨市抚顺小学学习。

1952 年　13 岁
9 月，入哈尔滨市第五中学学习。

1954 年　15 岁
9 月，入哈尔滨市第十五中学学习。

1955 年　16 岁
9 月，入哈尔滨市第十四中学学习。

1958 年　19 岁
7 月，高中毕业于哈尔滨市第十四中学。

9 月，考入哈尔滨工业大学化学工程系无机物工学专业。

1959 年　20 岁
9 月，哈尔滨工业大学专业调整，转到数理系工程力学专业。

1962 年　23 岁
7 月，在 122 厂（直升机制造厂）实习，在 112 厂（飞机制造厂）实习。

9 月，哈尔滨工业大学专业调整，转到工程力学系飞行器结构力学及强度计算专业。

1963 年　24 岁
7 月，毕业于哈尔滨工业大学工程力学系飞行器结构力学及强度计算专业。

9 月 1 日，被编入国防部第五研究院一分院（总字 742 部队）集训队一排四班集训。

11 月 1 日，在国防部第五研究院一分院五所（强度环境研究所）4 室当设计员。

11 月 23 日，参军入伍。

1964 年　25 岁

2 月 1 日，在国防部第五研究院一分院五所 55 车间实习。

8 月 1 日，回到国防部第五研究院一分院五所 4 室工作。

1965 年　26 岁

1 月，国防部第五研究院一分院五所更名为七机部第一研究院 702 所。

5 月，调入七机部一院一部 11 室当设计员，后任工程组副组长。

1967 年　28 岁

12 月 30 日，与王丽珍结婚。

1969 年　30 岁

4 月，到黑龙江沈阳军区 3271 部队农场劳动锻炼。

1972 年　33 岁

从农场回到七机部一院一部。

1980 年　41 岁

1 月，在一院一部晋升为工程师。

1985 年　46 岁

11 月 9 日，加入中国共产党。

1986 年　47 岁

8 月，被评聘为高级工程师。

1990 年　51 岁

获航空航天工业部通令嘉奖。

1991 年　52 岁

5 月，任航空航天工业部一院一部 11 室副主任。

1992 年　53 岁

4 月，荣获首都劳动奖章。

8 月，荣获一院 867-3 试验队三等功。

8 月，被评聘为研究员。

10 月 1 日，获政府特殊津贴。

1993 年　54 岁

6 月 5 日，获中国航天工业总公司颁发的“航天奖”。

8 月，任长征二号 E 运载火箭副总设计师。

1994 年　55 岁

11 月，获中国航天工业总公司“突出贡献专家”称号。

1995 年　56 岁

担任硕士研究生导师。

1997 年　58 岁

8 月，任长征二号 F 火箭副总设计师。

担任博士研究生导师。

1998 年　59 岁

6 月，任长征二号 F 运载火箭总设计师。

1999 年　60 岁

获一院“长征奖”。

获“全国五一劳动奖章”。

2003 年　64 岁

获国防科工委授予的“载人航天功臣”称号。

10 月 15 日，长征二号 F 火箭运载我国第一艘载人飞船神舟五号成功发射。

2004 年　65 岁

中国载人航天工程（运载火箭系统）获国家科学技术进步奖特等奖。

2009 年　70 岁

11 月，当选为中国科学院院士。

担任科学技术委员会顾问。

担任中国运载火箭技术研究院顾问。

2010 年　71 岁

被聘为中国运载火箭技术研究院总研究师。

2012 年　73 岁

被聘为载人航天工程顾问。

12 月，中国宇航出版社出版发行刘竹生主编的《航天火工装置》一书。

2013 年　74 岁

被聘为空间站工程可靠性专家组组长。

参考文献

[1] 李成智 . 中国航天技术发展史稿 [M]. 济南：山东教育出版社，2002.

[2] 黄春平 . 通天神箭：解读载人运载火箭 [M]. 北京：中国宇航出版社，2011.

[3] 张继华 . 科学巨匠：刘竹生 [M]. 石家庄：河北教育出版社，2000.

[4]《世界航天运载器大全》编委会 . 世界航天运载器大全 [M]. 北京：中国宇航出版社，2007.

[5] 邓宁丰 . 天河圆梦 [M]. 北京：中国宇航出版社，2004.

[6] 邸乃庸 . 梦圆天路 [M]. 北京：中国宇航出版社，2011.

后 记

本书通过记述刘竹生院士的生平、性格、业绩等，展现了刘竹生院士热爱航天、品行端正、作风严谨、善于钻研的高尚品质。

全书共十五章，由丁文华、史颜莉撰写。刘晨、林晓明、乔丽、贾淇、周晨昱等为本书的编写收集了大量宝贵的资料，刘建安、李靖、王宁、季静、王新平等为本书提供了大量的照片。

本书编写历时一年有余。在与刘院士的不断接触中，著者对刘院士的了解日益清晰，也被他的事迹和人格深深感动。通过此书，为读者讲述刘院士的成才之路，展现刘院士的优秀品质与心路历程，使新一代航天人能得到一些启迪与借鉴，是著者的最大愿望。也希望本书能为普及航天知识，让更多的人了解航天事业做些贡献。

本书撰写工作得到了刘竹生院士的大力支持——把自己的人生历程剖析出来启迪后人，是刘院士的心愿。感谢刘院士的妻子王丽珍女士及刘院士的妹妹刘桂生、女儿刘莞尔的大力支持，她们的讲述使著者获取了生动的创作素材。

本书撰写工作还得到了黄春平、徐盛华、黄作义、荆木春、张智、张旭辉、陆友人、李法瑞、李昌懋、石峰、李祎等航天专家的大力支持，一院科技委和十九所各级领导及管理部门给予了许多指导和帮助，刘兴武、谢建玲等同志给本书提出了很多宝贵的修改意见，在此对他们的辛勤付出深表感谢！

因时间仓促，书中难免会有不足之处，敬请广大读者批评指正。

丁文华 史颜莉
2015 年 11 月